本书为"湖南湘江新区容错纠错机制研究"项目结题成果

本丛书为中南大学地方治理研究院"地方治理研究"系列丛书之一

国家级新区容错纠错机制研究丛书

国家级新区容错纠错机制建设研究论文集

刘 媛 邓 辉 张 飘◎编

中南大学出版社
www.csupress.com.cn
·长沙·

国家级新区容错纠错机制研究丛书
组委会

学术顾问（以姓氏笔画为序）

丁　煌　田　凯　朱旭峰　负　杰　李军鹏　李瑞昌

吴　戈　周志忍　倪　星　徐晓林　韩志明　薛　澜

主　　任　文山虎

执行主任　彭忠益

副主任　孟谏君　朱　希

组委会成员（以姓氏笔画为序）

王　涛　邓　辉　伍如昕　刘　文　刘　媛　刘旭洲

孙立明　李　硕　李虞林　张　飘　张桂蓉　陈明应

赵书松　胡春艳　聂　娴　徐　靖　蒋　凯　戴娇迪

代序

改革攻坚期的容错纠错机制建设

李军鹏

改革开放是当代中国最鲜明的特色，是我们党在新的历史时期最鲜明的旗帜。1978 年 12 月 18 日—22 日召开的党的十一届三中全会开启了我国改革开放的历史新征程。40 多年来，我国的国民经济和社会发展在改革开放的牵引下取得了光辉的历史性成就，我国国内生产总值位居世界第二位，人均国内生产总值达到 1 万美元，2020 年国内生产总值总量达到 100 万亿元人民币。

党的十九大做出了我国进入中国特色社会主义新时代的战略判断。进入中国特色社会主义新时代，我国的改革又到了一个新的历史关头，改革已经进入了攻坚期、"深水区"和"无人区"。党的十九届五中全会提出了我国到 2035 年基本实现社会主义现代化的远景目标，并对"十四五"时期我国经济社会发展做出了战略部署，提出要"坚定不移推进改革，坚定不移扩大开放，加强国家治理体系和治理能力现代化建设，破除制约高质量发展、高品质生活的体制机制障碍，强化有利于提高资源配置效率、有利于调动全社会积极性的重大改革开放举措，持续增强发展动力和活力"。

在整个基本实现社会主义现代化阶段，我国都将处于改革攻坚期，改革具有复杂性、系统性、集成性与多目标性。一是从改革进入"深水区""无人区"来看，改革具有复杂性。中国特色社会主义新时代，我国的改革是满足人民美好生活需要、克服发展不协调不均衡的改革，是决胜全面建成小康社会、开启基本实现现代化新征程的改革，是涉及经济体制改革、政治体制与行政体制改革、文化体制改革、社会治理体制改革、公共服务体制改革、生态管理体制改革、安全管理体制改革的全方位的改革，是深入要素市场化、产权保护、自主创新、营商环境建设等深层次问题的改革，是刀刃向内、触及灵魂、触动利益奶酪的改革，是前无古人、突入创新开拓的"深水区""无人区"的改革，新时代改革具有的探索性、前沿性和复杂性前所未有。二是从全面深化改革的内容与覆盖面来看，改革具有系统性。习近平总书记指出："全面深化改革，全面者，就是要统筹推进各领域改革"，"这项工程极为宏大，零敲碎打调整不行，碎片化修补也不行，必须是全面的系统的改革和改进，是各领域改革和改进的联动和集成"。三是从改革涉及的重要领域和关键环节来看，改革具有集成性。新时代的改革系统集成的特征日益突出，改革日益深入国资国企改革、民营经济发展、商事制度改革、社会信用体系建设、人才体制改革、城市管理精细化、民生保障体系建设等重要领域和关键环节，改革具有集成性、关键性和综合性。四是从改革面临的复杂环境来看，改革具有多目标性。在中国特色社会主义新时代，改革越往前推进，面临的环境和形势越复杂，"两难""多难"现象不断增多。例如，深化财税金融体制改革需要减税降费、降低税收占企业所得的总比重，但减轻税费在短期内又会导致政府财政收入减少，从而导致民生保障经费缺乏充足保障。因而，改革具有两难性、多难性和多目标性。

基于改革攻坚期集成改革的复杂性、系统性、集成性与多目标性，迫切需要完善改革试验示范机制与容错纠错机制。

我国的改革之所以能够避免俄罗斯"休克疗法"的类似失误，取得了许多举世瞩目的伟大成就，其中一个重要的经验，就是推进渐进式的改革，通过改革试验示范机制不断探索和积累改革的经验，然后推进全局性的、整体性的、突破性的改革，使社会主义市场经济体制得以成功建立、社会生产力发展的体制机制障碍得以不断根除。我国的改革试验示范机制主要包括如下内容：一是尊重群众和基层首创精神。群众中蕴藏着极大的积极性和创造精神，有很多经验和办法。改革开放中许许多多的东西，都是群众的发明创造，是由群众在实践中提出来的。邓小平指出："改革开放中许许多多的东西，都是群众在实践中提出来的"，"绝不是一个人脑筋就可以钻出什么新东西来"，"这是群众的智慧，集体的智慧"。例如，《海南自由贸易港博鳌乐城国际医疗旅游先行区制度集成创新改革方案》(2020年9月1日颁布)就对标国际先进标准，提出了一些具有"首创"意义的改革措施，在全面推行"极简审批"改革、特许药械贸易自由便利、投资自由便利、跨境资金流动便利和加强风险防范等方面推进制度集成创新改革，试行工程项目建设"零审批"制度。二是试点先行，形成可复制推广的经验。改革开放初期，我们采取了先试验试点、后总结提升、再复制推广的方法，从实践中不断获得关于改革规律的真知灼见。我国在全面深化改革开放过程中，在上海自由贸易区及其他自贸区、海南自由贸易港、深圳中国特色社会主义先行示范区进行了并正在进行着一系列创新探索与实践。我们要及时总结自贸区、自贸港、先行示范区建设中的好经验好做法，包括"放管服"改革的好经验好做法、营造国际化法治化便利化营商环境的好经验好做法、建设高质量发展高地与法治政府示范的好经验好做法、建成民生幸福标杆的好经验好做法，并将这些好经验好做法及时上升到制度层面加以推广。三是坚持引领示范，给予改革充分的探索空间。我国在改革的过程中，坚持问题导向、目标导向、结果导向，找准改革亟待解决的突出问题和重要问题，明确改革的目标与主要任务，从而给予改革充分的探索空间，使改革者能在遵循宪法和法律、行政法规基本原则的前提下，立足改革创新的实践需要，根据有权部门的相关授权开展相关试点试验和示范。四是坚持底线思维，有效防范和控制改革风险。在改革的过程中，注重分析社会的承受度和改革方案的风险评估，建立健全重大风险识别及系统性风险防范制度体系，实行改革风险分类分级管控机制，提前进行风险预判和风险评估，科学确定改革的过程、先后时序、节奏力度和方法步骤。五是强化法治保障，使改革既于法有据又推动法治进步。在推进集成改革的过程中，注重建立健全与改革示范试点相配套的法律法规、政策调整机制，全面统筹集成改革试点涉及的法律法规事项，加快相关立法工作步伐，对集成改革中行之有效的改革举措尽快纳入立法议程。

容错纠错机制是改革攻坚期推进集成改革的重要保障。容错纠错制度不完善，会严重影响改革者的积极性和干事创业的热情。例如，有一些领导怕犯错后的各种不良舆论影响，担心在当前社会媒体舆论环境较为开放的条件下，犯错会因为舆论传播放大效应而影响群众情绪；有的干部对敢于担当的干部存在偏见，采取不支持、不鼓励的观望心态；一些领导对干部特别是年轻干部求全责备，不允许失败，不允许出错；一些领导对创新、实干的干部缺少应有的关心；等等。这些情况如果长期持续下去，容易形成不担当不作为的局面，成为进一步推进全面深化改革的"中梗阻"，迟滞甚至破坏全面深化改革的推进。

容错纠错机制主要包括改革试错机制与"试错权"、容错减责机制、责任豁免程序机制、澄清机制、纠错总结机制等内容。完善容错纠错机制，必须从如下方面着力建设：一是要在完善改革试点示范机制的同时给予干部一定的"试错权"。改革试点示范机制是推进集成改革的重要方法，改革试点示范在一定程度上说就是一种"试错机制"，这也是在"深水区""无人区"进行改革探索的必然要求。这就要求我们建立健全容错机制，给予干部一定的"试错权"，允许干部"犯错"，但不允许不改革。容错的意义就在于给干部一定的推进改革创新的自由发挥空间，通过确定相关的容错边界使干部在相应边界可以卸下思想包袱、直面矛盾问题、勇于担当作为。当然，干部的"试错"必须建立在充分认真的调研和科学民主的决策基础上，要避免盲目探索、故意打"擦边球"、盲目决策而导致的大概率失误。二是要明确容错减责的界限与范围。要"把干部在推进改革中因缺乏经验、先行先试出现的失误和错误，同明知故犯的违纪违法行为区分开来；把上级尚无明确限制的探索性试验中的失误和错误，同上级明令禁止后依然我行我素的违纪违法行为区分开来；把为推动发展的无意过失，同为谋取私利的违纪违法行为区分开来"，对于勇于担当作为、勇于开拓创新、推进"放管服"改革过程中出现的先行先试、探索性试验中的失误和错误采取容错态度，该容的坚决容。同时，也要对明知故犯、屡禁不止、谋取私利的违纪违法行为进行坚决查处，避免把容错变纵容、减责变庇护。三是要完善责任豁免程序。对于可以予以容错的情况，要完善责任豁免的相关程序。出台相关的容错规定，明确规定申请、受理、启动、调查核查、认定、决定、申诉和备案的程序，对于认定为容错的干部免予问责或减轻责任。四是要建立干部失实检举控告澄清机制。各级纪检监察机关在调查检举控告工作中，不能被舆论绑架，要实事求是得出调查结论。如果查清属于诬告的，对想干事、能干事的被诬告的干部，要及时通过适当的方式予以澄清和正名、消除负面影响，从而敢于为担当者担当、为负责者负责。对于造谣诽谤诬告他人的干部，要给予严肃的处理并进行通报。五是要完善纠错总结机制。对于容错之后的干部，应该及时总结分析错误失误产生的原因，及时采取有效措施纠正失误，避免失误扩大化；同时，要对错误全面评估，在错误失误中积累经验、总结经验，不断降低改革总体的失误成本。

序

    国家级新区是引领和推动经济社会发展的新型区域治理单元，是国家治理体系的重要组成部分。当前，中国正处于改革开放和发展转型新的历史时期，许多重大理论和实践问题亟待有效破解。国家级新区作为"高质量发展引领区"、"区域重要增长极"和"改革开放的新高点"，如何立足新发展阶段，贯彻新发展理念，构建新发展格局，在国家治理现代化进程中发挥先行者和示范标杆作用，为更大范围内的改革创新，特别是在激励干部担当作为、提升治理效能方面探索和积累经验，需要进行深入系统的研究和具有前瞻性的思考。"国家级新区容错纠错机制研究丛书"的出版，为我国理论界与实务界深化国家治理现代化背景下的容错纠错机制研究拓展了新视野、开辟了新领域，是凝聚各方智慧的一套学术力作。为此，"国家级新区容错纠错机制研究丛书"的如期付梓值得热烈祝贺！

    这套丛书的出版有着鲜明的时代特征，是贯彻落实习近平总书记"三个区分开来"指导思想和中央相关文件精神要义的学术探索的重要体现。习近平总书记在2016年省部级主要领导学习贯彻党的十八届五中全会精神专题研讨班上的讲话中明确指出，"要把干部在推进改革中因缺乏经验、先行先试出现的失误和错误，同明知故犯的违纪违法行为区分开来；把上级尚无明确限制的探索性试验中的失误和错误，同上级明令禁止后依然我行我素的违纪违法行为区分开来；把为推动发展的无意过失，同为谋取私利的违纪违法行为区分开来"。在这一重要精神指引下，容错纠错机制建设得以全面推进。随着容错纠错政策在全国各地逐步得到贯彻执行，容错纠错机制本身经历了从制度性探索到实质性执行的重要转变；与此同时，国内各界对容错纠错机制的认识与实践亦经历了重大变化。容错，即包容干部在工作中尤其是改革创新中的失误错误。纠错，即对苗头性、倾向性问题早发现早纠正，对失误错误及时采取补救措施，帮助干部吸取教训、改进提高，让他们放下包袱、轻装上阵。容错纠错机制强调"严管与厚爱结合""激励和约束并重"，其目的是为敢于担当的干部撑腰鼓劲，激发广大干部改革创新、干事创业的热情。在实现"两个一百年"奋斗目标的历史交汇期，包括容错纠错在内的治理机制建设是夺取新时代中国特色社会主义伟大胜利、实现中华民族伟大复兴的中国梦的重要支撑力量。从这个角度讲，率先开展容错纠错机制的实践研究，也体现了本套丛书作者独到的学术眼光和积极的学术担当。

国家级新区是由国务院批准设立的国家级综合功能区，主要承担着国家重大发展和改革的战略任务。作为国家改革创新的前沿阵地，国家级新区在面对没有先例的新情况、新问题时，更需要大胆探索，用好自主改革权和"先行先试"优势，鼓励干部积极作为、敢闯敢干，为干部营造干事创业的良好氛围。此外，国家级新区在推进自身快速发展的同时也起着为其他地区提供示范引领的作用。本套丛书即在对不同国家级新区间容错纠错机制横向和纵向比较基础上，立足湖南湘江新区，系统分析容错纠错机制建设中的体制程序性障碍、急难险重任务、突发事件应对、历史遗留问题处置、容缺受理等一系列重点难点问题，是研究国家级新区容错纠错机制建设的系统性、创新性研究成果，体现了较高的学术水平和研究能力。

这套丛书聚焦湖南湘江新区的改革经验，为更大范围的国家治理改革创新积累了宝贵经验。湖南湘江新区作为中部地区首个国家级新区，不仅是中部地区经济建设和社会发展的鲜明旗帜，而且是检验改革开放成效、引领新时代高质量发展的"试验田"。湖南湘江新区在推动中部地区崛起和长江经济带发展中发挥着重要作用，其对容错纠错机制的理论探索和实践创新也为我国其他国家级新区创新机制建设提供了可复制、可推广、具有针对性的实践经验，为容错纠错机制建设及相关领域研究提供了重要参照和有益借鉴，彰显了在服务国家发展大局中勇于担当、敢于创新的新区建设精神风貌。

中国共产党的容错纠错机制建设有着丰富的历史内涵，历经了从计划经济体制束缚到经济特区的创新性探索，从经济特区到国家级新区的历史性转变，实现了"团结—批评—团结""支持创新、宽容失误""建立容错纠错机制"的重要理论变革。进入21世纪以来，国家级新区承担着国家改革开放和经济社会发展转型的重大战略任务，是国家战略目标实施的重要平台；这一平台的搭建离不开一个勤政、廉洁、务实、高效以及充满创新活力的干部队伍。面对新时代的经济发展和社会政治形势，干部队伍建设面临着前所未有的机遇和挑战。如何最大限度地调动和激发干部队伍的积极性、主动性、创造性，保护和支持改革创新，在破解容错纠错的实践难题中锻炼并发展，是党和国家探索具有中国特色宽严相济的新型干部管理体制的必由之路，对实现国家治理体系和治理能力的增量改革具有重要意义。

"国家级新区容错纠错机制研究丛书"的出版，为加强和深化学术领域容错纠错机制的研究做出了重要贡献，是国内目前全面系统研究容错纠错机制的高质量研究成果。这套丛书分4册展示了国家级新区容错纠错机制建设的路径图景：《国家级新区容错纠错机制发展报告》以19个国家级新区的容错纠错制度文本和政策实践为研究对象，对当前国家级新区容错纠错机制的理论基础、政策现状、现实案例进行了系统性比较研究；《国家级新区容错纠错案例分析报告》从7个领域的典型案例入手，通过案例分析的形式呈现国家级新区容错纠错的工作实况，准确把握和总结了容错纠错机制建设的内在运行规律；《湖南湘江新区容错纠错机制建设：理论探索与实践创新》着重介绍了湖南湘江新区容错纠错机制建设的理论与实践，通过描述湖南湘江新区容错纠错案例，进行了有意义的经验总结；《国家级新区容错纠错机制建设研究论文集》收录了第五届全国"风险与治理"高端论坛暨第四届"地方政府与区域治理"研讨中"国家级新区容错纠错机制建设分论坛"与会专家学者的优秀论文。这套丛书的一个突出特点，就是从实践丰富的"第一手资料"提炼出具有明确问题导向的"真知灼见"，这对于整体研究还较为薄弱的中国容错纠错理论与实践探索大有裨益。有鉴于此，特向所有关心中国发展与改革建设的读者们推荐该套丛书！

可以预见，随着我国容错纠错机制研究的不断深化，以及与国家治理创新发展路径相对应的各种配套性制度的逐步建立，真正激励各级干部实干担当、奋发有为的国家治理体系和治理能力建设将取得新的丰硕成果。这必将助力国家级新区获得更高质量、更大效益的发展，有效激发广大干部的强大动力和活力，不断开创社会主义现代化建设新局面！

是为序，与理论界和实践界各位同仁共勉。

贠 杰

2021 年 1 月 6 日于北京

目录

基层避责的类型学分析与应对策略研究

倪　星[①]

摘要：基层避责作为一种不断引起研究者和决策者关注的现象，逐渐成为谨慎反抗和适度遵从混合的产物。本文从政府制度设计出发，认为权责分立的现实安排不仅无法有效抵御和化解外部系统性风险，还成了内部非系统性风险产生的根源，这使得基层在面对风险的不确定性、不平等性和扩散性的情况下，呈现出时间序列维度和传导方向维度下四种类型的避责策略。避责行为的滋生和蔓延导致了创新缺失、权威流失、被动回应等严重后果，并引发链式反应，阻碍政治、经济、社会的良性发展。因此，亟须通过人事制度改革，建立容错纠错机制，创新激励手段，重新激发基层创新活力。

关键词：权责分立　避责　基层行为　风险

---

① **作者简介**：倪星，华南师范大学廉洁教育与研究中心教授，博士生导师

一、引言

党的十八大以来，新一代中央领导集体高度重视党风廉政建设和反腐败工作，通过规范权力运行，健全监督体系，落实全面从严治党责任，实现了反腐倡廉的常态化、程序化和制度化，反腐败斗争压倒性态势已经形成并巩固发展①，为经济社会发展提供了坚实的政治保证。然而，在越轨行为逐渐得到有效控制的同时，基层避责作为反腐败过程中的非预期后果，逐渐脱离了抽象意义下的隐蔽行为，进入日常可感受的领域，成为谨慎反抗和适度遵从的混合产物②。基层人员在一定裁量权空间内，象征性地遵从上级安排，选择性地执行行政命令，以期满足上级要求的最低标准。与此同时，巧妙地避免直接与上级权威形成公开对抗，在表达懈怠意愿的同时规避了正面冲突带来的不利影响，并逐渐演化为一种无组织的集体行动。相较于以往经济绩效导向的积极创新，现阶段基层政府更倾向采取审慎的中立态度，以风险最小化的避责行为来应对日益严格的规章制度和行为准则。总体来看，这种消极行为的滋生和蔓延在对基层政府绩效带来冲击的同时，越来越成为全面从严治党过程中的巨大挑战。

首先，在新时代重要战略机遇期，需要变革性的创新动力。创新在推进全面发展的过程中起到了杠杆作用，贯穿了组织运作的各个环节，尤其在我国发展的历史新方位下，创新更是被置于现代化建设中战略支撑的地位。而现实中，基层避责往往呈现出复杂多样的特点，以僵化的行为应对组织内外挑战，根据任务风险大小和难易程度进行选择性探索，甚至直接表现为消极被动的态度，这极大地损害了改革过程中的积极性和主动性。

其次，在各项事业良性发展攻关期，需要全局性的政治思想保证。基

---

① 习近平：决胜全面建成小康社会　夺取新时代中国特色社会主义伟大胜利——在中国共产党第十九次全国代表大会上的报告，http://news.xinhuanet.com/2017-10/27/c_1121867529.htm，2017年10月27日。

② 参见詹姆斯·J.斯科特：《弱者的武器》，译林出版社，2011年，第293—310页。

层政府作为国家权力的重要行使主体，需要在国家整体战略布局下，根据本地特色进行差别化的实践探索，在新兴行业和多样需求不断涌现的今日，基层政府既要严明纪律来保持政治定位，又要保证层级、部门间的协同联动，在一定试错空间下着力解决实际问题。而在此过程中，避责行为在本质上弱化了综合治理过程中的责任担当意识，这种思想上的懈怠会贻误各项事业的良性发展。

最后，在全面建成小康社会决胜期，需要前瞻性的治理能力建设。全面建成小康社会关乎民生福祉，这意味着基层政府的职能重心更强调公共服务，不仅要切实落实各项政策，而且要回应民众利益诉求、调节现实利益矛盾。尽管各类政策均强调基层治理理念和治理能力的双重提升，但是避责行为会在很大程度上弱化基层政府主动学习、自我更新的专业素养，长久以来，会使得政府面临能力不足的问题。

因此，在全面深化改革的重大时代课题下，如何充分激发基层政府活力、凝聚发展力量是当前的共识性需求，深入分析避责行为的动机、形式、发生机制、后果及可修复性具有一定的现实价值和理论贡献。本文将以"基层避责"这一现象为出发点，并将其置于基层政府与国家权力、社会民众互动的关系下，重点讨论政府制度设计对组织内成员行为的影响，以权责分立结构下的风险增加作为解释避责行为的核心机制，通过对基层避责带来的负面效应和链式反应进行阐述，提出加强基层人事制度改革的必要性和紧迫性。

二、避责行为的研究基础和分析框架

(一)已有研究述评

对避责行为的研究是政治学和经济学中一个令人振奋的领域，其相关研究发展了当前对个体绩效衰减的认识和理解。避责行为的现代研究源于20世纪80年代制度学派学者肯特·韦弗(Kent Weaver)，并在凯瑟琳·麦格劳（Kathleen Mcgraw）、保罗·皮尔森（Paul Pierson）、克里斯多夫·胡德（Christopher Hood）等学者的推动下，从心理预期、福利政策、政党政治等视角进行了避责行为的研究，并得出了以下普遍认可的基本观点：其一，避责行为普遍存在于政府行政过程中，与科层制反功能①和官僚人格②密切相关；其二，在政治选举中，选民消极偏向的心理转变占据主导作用，极大地影响了个体对负面事件的感知程度，政府官员为获取选票或连任，在推行不受公众欢迎的政策时，更偏向于采取避责策略以减少民众指责；其三，伴随着现代化阶段风险社会的兴起，全球性的避责时代已开启，在风险不对称的情况下③，以风险管理为核心的避责行为成为重要议题；其四，避责行为是一个博弈过程，政府官员会根据民众舆论压力的大小程度开启连续动态的策略选择④。

正如贝克所言，现代社会中正在出现一种"有组织地不负责任（organized irresponsibility）"的趋势，"公司、政策制定者和专家结成的联盟制造了当代社会中的危险，然后又建立一套话语来推卸责任"⑤。避责行为作为一种普遍存在于个体、组织和社会体系中的现象，和微观层面的动机、中观层面的激励和宏观层面的调控紧密相连。

从微观层面来看，个体的动机与目标、局限与偏见、心理与选择是影响行为的关键要素，其中，行为经济学和政治心理学在检验心理学理论外部有效性过程中具有突出贡献。行为经济学在批判古典经济学经济人假设的基础上，强调有限私利（limited selfishness）、认知偏差（cognitive bias）和有

---

① 罗伯特·K.默顿：《社会理论和社会结构》，唐少杰，齐心等译，南京：凤凰出版传媒集团，译林出版社，2006年，第299-301页。

② Bozeman, Barry, and H. G. Rainey, "Organizational Rules and the Bureaucratic Personality", *American Journal of Political Science*, Vol. 42, No. 1, 1998, pp. 163-189.

③ D. Kahneman, A. Tversky, "Prospect Theory: An Analysis of Decision Under Risk", *Econometrica*, Vol. 47, No. 2, 1979, pp. 263-292.

④ C. Hood, W. Jennings and P. Copeland, "Blame Avoidance in Comparative Perspective: Reactivity, Staged Retreat and Efficacy", *Public Administration*, Vol. 94, No. 2, 2016, pp. 542-562.

⑤ G. Mythen, *Ulrich Beck: A Critical Introduction to the Risk Society*, London: Pluto Press, 2004, pp. 60.

限理性(bounded rationality)对个体行为的塑造。政治心理学重点在于解释政治行为的原因、后果和发展趋势。两者在综合的视角下认为,在同样程度下,负面性质的事件对个体心理过程的影响比正面性质的事件更为强烈[1],在此基础上呈现出心理契约发生了动态变化,使得个体追求由经济效用最大化转向风险最小化。

从中观层面来看,行为源于委托代理关系中的有效激励,即在非对称信息博弈中,委托人如何通过契约设计调动代理人的积极性,并且有效减少避责行为带来的道德风险和逆向选择。在完全契约的理论基础上,组织内人员的激励主要解决信息不对称条件下的道德风险问题。而在不完全契约的情况下,由于委托人和代理人无法通过事前完善合同以消除不确定性,缔约双方谈判力的相对差异将产生不同的博弈结果[2],即在多委托、多任务模型下[3]的非竞争性的环境中,信息不对称和契约不完全是避责行为产生的根本原因。

从宏观层面来看,组织以及个体受到技术环境和制度环境的影响[4],这种"广泛存在的社会习惯"潜移默化地形塑了行为,发展过程本身会对个体或组织提出更高的限制要求,并且在宏观功能失调下会出现绩效衰减的情况,个体和组织本应持续谋取利润和满足最大化的积极性受到了打击。例如,在陷入福利陷阱的一些国家中,宏观经济的紧缩导致政府财政汲取能力降低,政府不得不在长期货币紧缩下减少福利支出的政策[5],而民众的福利依赖和新增需求亟须政府支出进行维持,在这种难以调和的矛盾下,从

---

① M. A. Diamond, "Psychological Dimensions of Personal Responsibility for Public Management: An Object Relations Approach", *Journal of Management Studies*, Vol. 22, No. 6, 1985, pp. 649 – 667.

② S. J. Grossman, O. D. Hart, "The Costs and Benefits of Ownership: A Theory of Vertical and Lateral Integration", *Journal of Political Economy*, Vol. 94, No. 4, 1986, pp. 691–719.

③ Avinash K. Dixit, *The Making of Economic Policy: A Transaction Cost Politics Perspective*, Massachusetts: The MIT Press, 1998, pp. 116–120.

④ John W. Meyer, "The Effects of Education as an Institution", *American Journal of Sociology*, Vol. 83, No. 1, 1977, pp. 55 – 77.

⑤ P. Pierson, *Dismanteling the Welfare State?: Reagan, Thatcher and the Politics of Retrenchment*, Cambridge: Cambridge University Press, 1995, pp. 1–224.

摇篮到坟墓的福利国家出现了大范围的政府避责现象；同时，从政府内部的制度调整来看，对政府官员问责力度的加强同样会致使避责行为的产生。问责制度对行为控制的效力受到诸多因素限制，意味着并非任何时候问责都是有效率的，因而就政府官员成本—收益分析而言，当问责强度较高时，避责行为是规避风险的最佳策略选择。

避责行为虽是一个中性意义上的分析概念，但在很大程度上被视为一种负面、隐蔽的非正式行为。其负面性体现在与社会利益相悖。其一，避责行为会导致政策失败。在选举政治中，政府官员为迎合选民偏好、避免选民不满而采取中立态度，无法产出打破传统利益格局的创新政策。其二，避责行为会产生零和博弈状态。政府内部、政府与社会、政府与市场广泛存在的避责行为体现了不同主体的利益表达，此类行为使各主体注意力从以往关注组织目标转移到了转移责任风险，而这决定了从全局和长期而言，博弈会出现资源耗散的情况，对组织的稳定性和利益平衡造成影响。其三，避责行为会对经济社会发展产生负面溢出效应。避责行为虽非市场性，但它会带动其他方面的变化，其中自由裁量权的缩减会削弱政府对市场、社会的促进、管控和协调力度，进而产生链式反应。

尽管避责行为受到了普遍关注，但已有研究分散在政治学、心理学、社会学和制度经济学等学科，并没有形成体系化的理论。在概念界定及操作方面，避责行为常以不作为、懒政等词语出现在经验现实的描述中，在学术研究中，由于研究重点的差异化导致避责行为缺乏统一科学的测量指标，从变量操作化来看，避责成为无所不包的行为描述；在研究主体方面，在西方三权分立的建制原则下，文官制度实行"两官分途"，即政务官因选举产生，为选民及其利益群体负责，强调政治过程，事务官保持政治中立，通过公开选拔产生，强调行政过程，已有研究更多聚焦政务官在选举政治、决策制定等政治过程中存在避责行为，而忽略了大多数事务官群体。并且，当避责行为的研究回归到不同政治体制、组织基础、制度文化的环境中，是需要一定理论调试和修正的；在解释机制方面，由于行为具有多样性、动态性、适应性和可调节性,其产生既包括了主观能动性的发挥,又涵盖了外部场域的干扰,因此用单边线性关系来透析行为是不全面的。

(二)基层避责概念界定及组织学基础

本文讨论的基层避责是指基层政府各管理群体,采取诸多策略来规避由其职位带来的责任和潜在责任,以避免自身利益受到损失。此概念界定包含三个层面的含义:第一,虽然避责是一种普遍存在的行为,但本文关注政府(特别是基层政府)中的避责,进一步来讲,涵盖了基层治理过程中的多主体,即在职能分工、权责配置中存在较大差异的官僚群体、派生群体和雇佣群体[①];第二,避责行为主要规避的是责任和潜在责任,其原因在于等级制管理下,上级通过激励、约束机制来对基层行政过程进行控制,虽然各机构和行政人员均有建立在职能分工基础上的书面权责说明,但由于既有规定过于宽泛模糊,并且基层行政主体在日常工作中需承办领导交办的其他工作,故避责行为所规避的不仅是书面的直接责任,还包括法定职责外的其他潜在责任;第三,在收益—成本权衡基础上,避责行为的目的在于减少利益损失,由于行政过程中体现出的不同利益诉求、行为偏好和价值观念,无法避免或忽视基层政府内部成员的混合动机。

在概念界定的前提下,理解基层避责行为,离不开分析基层政府所处的组织环境及其在国家治理中的位置、角色和互动。中国体制既是历史的烙印,又是现代化演变的结果,随着时间推移,政府体制机制得到了不断完善和改进。与此同时,在变动的组织环境下同样面临了新的制约和挑战。

首先,中国古代官僚政治具有历史延续性,对现代政府组织有着深远影响。史学家普遍认为官僚政治始于秦,一直到清代,这种体制下的政治

---

① 刘建军、马彦银:《从"官吏分途"到"群体三分":中国地方治理的人事结构转换及其政治效应 对周雪光〈从"官吏分途"到"层级分流":帝国逻辑下的中国官僚人事制度〉一文的一个补充》,《社会》,2016年第1期。

形态都没有发生根本性的变更①。商鞅变法后，在政治集权的同时，地缘专制力量逐渐崛起，最终成型于秦汉时期的郡县制，划分了地方区域，设立由中央控制的地方政府，对地方政府及民众进行垂直管理。

其次，进入现代社会，政党制成为各个国家较为常见的一种结构模式。中华人民共和国成立初期，我国借用了列宁式政党的组织形式，提出了与人民代表大会制度相适应的多党合作制。在党政关系中，中国共产党处于领导和执政地位，人民政府是国家权力机关的执行机关。其中，基层政府作为最低一级的执行机关，一方面接受国家权力的领导并对上负责，另一方面，为社会民众、市场组织提供公共服务，协调、监督、管理生产生活的各个环节。

最后，在该结构下，基层政府与国家权力、社会民众之间的互动构成了国家治理模式的重要内容。伴随着经济的迅速发展和科技的不断进步，政府渗透到了社会生活的各个方面，这在政府机构和人员的扩张、管理领域的延伸和行政权力的加强等方面得到了体现。除此以外，基层政府行政职能也涉及了新的领域，行政机关的权力也遍及征收、行政给付、行政调查、行政强制、行政处罚等方面。

基于这种扩张，经济和社会的全面发展、人民群众的认可支持成了国家权力的合法性来源。国家权威需要基层政府的积极作为维持这一基础，从这一角度看，基层政府是国家合法性得以维持和延续的关键。然而，基层政府在强调发展的过程中拥有了过多的自由裁量权，出现了腐败等越轨行为，为加强对基层政府的管理和控制，国家权力对基层政府的监督也得到了进一步强化。

(三) 分析框架

本文通过"权责结构—风险—行为"的分析框架来解释基层避责的内在

---

① 参见王亚南:《中国官僚政治研究》，商务印书馆，2010 年。

逻辑。一方面，作为政府制度安排的核心内容，权责配置是厘清避责行为内在逻辑的切入口，这是因为组织内部权责的配置结构会影响并引导具体行为；另一方面，行为的产生还受到组织外部环境的塑造，对权责结构下风险中介效应进行分析更能触及驱动行为的核心机制。

第一，权责结构的非对称性是分析的起点。组织内的权责配置虽隶属于规则安排，即通过明确或隐含的标准、规章和预期有效调节个体行为，以"控制—服从"的方式渗透进组织管理的方方面面，在许可和职责范围的安排下，实行委托代理关系下的激励和控制，进而用稳定的运作过程化解组织内外不确定性带来的冲击。该模式包含了四个要点：其一，有权必有责，二者的触发机制是协调统一的，治理目标定位清晰，可分解到部门和个人；其二，权力和责任的配置过程是一致的，组织体系结构完整，具有高度的统筹能力、合作能力和执行能力；其三，组织权责边界范围明确，包括内部分工界限和与外部环境的界限；其四，权责的动态演变是同时进行的，保证二者在变动环境下仍高度对应。

权责一致常被视为理论上制度安排的最优模式，以确定性和规范性成为国家治理的核心工具，调节并引导行动领域中的动机、行为和偏好。正如在经典组织理论中组织常被视为具有高度统一性和凝聚力的实体，即建立在法理性基础上的科层制拥有等级分明的正式结构，组织成员在特定目标及清晰权责配置下高效执行命令，有效展开各项行动。然而，权责分立的现实结构又无法避免，成了国家治理特别是基层人事制度方面的结构性特征，并被视为正式结构之外存在非正式权威结构的结果，这也解释了为何组织中普遍存在着矛盾、冲突和无序，并且它们是作为组织维度的本质而非功能性障碍①。

权责在理论阐释和现实情境的冲突集中表现为权力和责任关于对称性的讨论。该表现实质上是价值理性(value rational)和工具理性(instrumental

---

① 参见埃哈尔·费埃德伯格：《权力与规则》，上海人民出版社，2005 年。

reason)选择的一个核心问题。工具理性和价值理性的探讨源于马克斯·韦伯(Max Weber)在构建合理性(rationality)的划分①,价值理性作为一种建构理性,以客观事物及其规律的正确反映为基础,从实质理念的角度确定事物的合理性,而工具理性源于对效率的不懈追求,具有边沁的功利主义色彩,以工具手段和技术方式实现最大化效用。其中,科学管理体系秉持着对工具理性的追求和青睐,并且在发展工业化过程中成了主流的发展观念。虽然工具理性的广泛运用推动了现代化的进程,但仍受到了以法兰克福学派为主的批判,并上升到了对资本主义的思考。

将此延伸至权责的讨论来看,权力和责任的对称性体现了制度安排的价值追求,力求在权力政治和责任伦理中找到平衡,并将此视为良治政府的最佳策略选择。应当承认的是,从工具理性出发的权责状态是对组织特定环境高度适应的结果,具有灵活性的权责配置是行政过程中不可缺少的运行机制,并且是被默许或形成共识的。然而,该种权责不对称难以避免制度间断性的问题,即常规运作体制不断被非常规运作行为打断,使得制度难具备稳定性、持续性和普遍性。

第二,风险是连接结构和行为之间的中介作用。另一个引起广泛关注的问题是,无论是在公共领域还是在个人领域,风险已经成为一个普遍性范畴的问题,并被视为现代化进程的结果。现代社会与以往传统农业社会相比,风险结构和特征都有本质性差异:一是人为风险占主导地位,在消解自然风险的同时,建构了新的制度化风险,这与人类活动的扩张和科学技术的发展密切相关;二是全球化的发展使得风险突破各个国家的空间限制,具有传导效应,呈现出风险全球一体化的特征;三是风险既是一种威胁,更是一种机遇,在冲击社会、政治和文化的同时,也催生了变革的可能性。随着现代化的进一步蔓延和深化,风险对政治、经济、社会的再建构作用日益显著,逐渐成为不可忽视的力量。

---

① Max Weber, *Economy and Society*, California: University of California Press, 1978, pp. 5-24.

从来源上讲，政府面临的风险可大致分为系统性风险和非系统性风险。系统性风险指由于政府无法预计和难以控制的因素造成的全局性风险，是宏观环境中的外部冲击带来的波动、危机或挑战，由于此类风险往往由共同因素引发，并且在不同行业和机构之间转移和扩散，具有难以消散的特性。非系统性风险是指由政府管理主体或组织本身原因产生的风险，主要源于微观因素的影响，是一种可控、偶发、独立的风险形式，常见于日常行政事务过程。两种风险涵盖了现代政府治理过程中制度化体系内外的诸多矛盾和困境，并且从动态变化的角度来看，二者是可以互相转化和相互影响的。

风险的逐渐积累会对个体行为模式产生影响。在关于现代性维度下技术导致风险的反思中，安东尼·吉登斯（Anthony Giddens）将风险纳入制度分析的框架内[1]，并注意到在当代世界范围内风险的变化同样改变了人们对风险的理解，即个体认知在不同环境下会发生一定调适。正如保罗·斯洛维克（Paul Slovic）认为的，个体在心理决策过程中面对不同的风险会有不同的观念和态度[2]。常见的风险态度分类包括风险偏好、风险厌恶和风险中立。在风险偏好的状态下，个体在平衡创新的潜在利益和威胁的过程中倾向于追寻风险带来的预期效用最大化；在风险厌恶的状态下，相比于风险带来的潜在预期，个体更偏向于接纳更为保险的情况；风险中立被视为二者之间的情况。在经济学研究领域，丹尼尔·伯努利（Daniel Bernoulli）在效用函数中用自然对数（ln）的数学解释提出了风险厌恶的解释[3]。在这之后，肯尼斯·阿罗（Kenneth Arrow）[4]和约翰·普拉特（John Pratt）[5]在效用函数的基础上建立了风险厌恶理论，并在前景理论的修正下

[1]　安东尼·吉登斯：《现代性与自我认同》，生活·读书·新知三联书店，1998年，第22页。

[2]　Paul Slovic, "The perception of risk", *Risk Society & Policy*, Vol. 63, No. 3, 2013, pp. 112.

[3]　参见 Stephen Stearns, "Daniel Bernoulli (1738): Evolution and Economics Under Risk", *Journal of Biosciences*, Vol. 25, No. 3, 2000, pp. 221-228.

[4]　参见 S. J. Turnovsky, "Essays in the Theory of Risk-Bearing, by Kenneth J. Arrow", *Journal of Political Economy*, Vol. 27, No. 5, 1971, pp. 1193.

[5]　John W. Pratt, "Risk Aversion in the Small and in the Large", *Uncertainty in Economics*, Vol. 42, No. 2, 1978, pp. 420.

不断完善。尼克拉斯·卢曼(Niklas Luhmann)①在社会系统论的视角下观察到社会的复杂性程度在不断增加,而信任是简化这种复杂结构的一种方式,可进一步减少社会风险。

因此,结构、风险和行为三者之间的互动和联系构成了一个完整的分析链条。程序性规范被视为解决风险冲突的有力措施,也解释了组织运行为何依赖规则建立起金字塔式的权责控制结构。但在组织建立并启动后,决策、协调、管理、控制等过程的偏误同样会造成风险。本文中心解释的逻辑在于:权责结构是抵御风险的工具性选择,而基层政府权责分立的现实安排不但无法有效抵御和化解外部系统性风险,还成了内部非系统性风险产生的根源,这使得基层工作人员在面对风险陡增下的不确定性、不平等性和扩散性,采取诸多避责策略,以减少因风险带来的责任和潜在责任。

避责行为发生机制如图1所示。

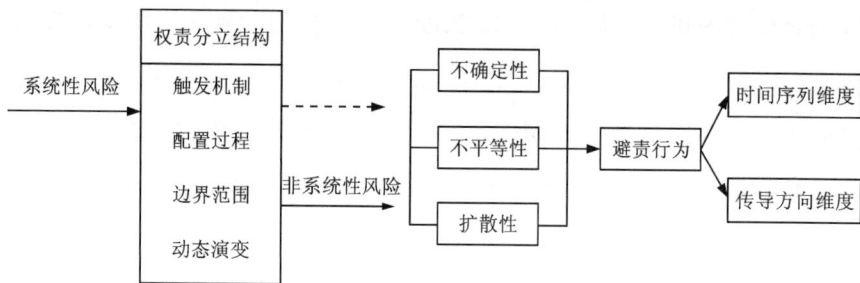

图1 避责行为发生机制

从整体来看,从政府制度设计中权责分立的思路来解释日益兴起的基层避责行为,不仅成为一个理解避责行为的新视角,更重要的是,权责配置作为一个动态影响过程,有助于剖析行为演变的进阶过程,进而回答避责如何在基层政府中产生、集聚与传导。

---

① 参见张戌凡:《观察"风险"何以可能 关于卢曼〈风险:一种社会学理论〉的评述》,《社会》,2006年第4期,第173-187页。

三、权责分立下风险陡增：基层避责的产生、集聚与传导

（一）权责结构是抵御风险的工具性选择，而权责分立无法有效抵御和化解外部系统性风险

自 20 世纪以来，全国范围内的改革释放了经济的活力，高速的经济增长迎来了地方基础设施投资和建设的黄金时期，创造了令人瞩目的跃迁奇迹。中央通过财政分权和行政分权充分调动了地方积极性的同时，在"有权必有责"的逻辑基础上，通过建立问责机制实现对权力的监督和控制，形成了范畴较广的问责内涵，如行政问责、政治问责、社会问责、财政问责等概念。权力和责任是具有相互依附性的一组概念，在其一致的情况下，实质上是通过法律法规赋予行政机关职权和责任边界，以保证各项制度的落实。权责统一作为依法行政中的重要理念，被载入国务院《法治政府建设实施纲要（2015—2020 年）》中①，并通过构建权责清单的方式以实现权威高效的行政管理体制。其中，权责统一的清晰、稳定和可控是抵挡抵御风险的关键，明晰权力和责任界限有助于分门别类地对行政职权进行梳理。在此基础上，根据严密的工作程序和统一的审核标准，在行政过程中可实现合法、合理的结合，确保履职过程取得实效。

但从现实情境分析来看，权责关系的核心始终有一种不对称性，而正是由于权责分立的存在，使得基层政府呈现出普遍性违规和选择性惩罚并存的情况。一方面，成文规则在基层政府现实行政中操作性不足，这就使得作为适应性的非正式制度普遍存在，通过人为力量而非法律制度来推动行政工作，而这种普遍性违规的存在，实际上是在权力边界所发生的变动，表现出了基层政府存在突破法律约束来追求效率的惯性；另一方面，由于现实中职责边界不清，广泛存在的信息不对称使得精准问责难以实现，故在很多情况

---

① 参见《法治政府建设实施纲要（2015—2020 年）》。

下，惩罚成了工具性存在，旨在通过自上而下的追责来起到威慑作用。

这种不对称性使得在实际权力和责任的配置过程中，存在诸多困境。其一，在分权过程中，扁平化管理模式和网络组织结构更易塑造出具有灵活性高、适应力强、自组织的体系，并对经济增长、基础建设、社会性支出等方面产生正面影响，分权同样会产生地区财力分配不均、地方保护主义、软预算约束、地方债务增长、政策寻租等不良影响，这也是政府管理中常存在的"一放就乱，一乱就收，一收就死"的怪圈。其二，在问责过程中，理论上包括了权责一致和信息对称两个基本要素，即随着现代组织专业分工的深化，任何一种权力的错误行使都有对应的责任形式，这在特定职位或机构的正式文件中均有详细规定，构成权责对称的先行组织设定。并且，信息是个体行为被监督的基础，对行政人员的可问责性体现为对信息的充分收集和掌握，以此形成与事实相符的裁决，但实际上匹配这两个要素是较为困难的。所以，现代政府主要通过组织和个人两个层次的责任制约权力，其中，个人层面是指行政人员为自身行政行为及后果负责，而组织层面是指政府作为整体承担责任。综合来看，权力和责任在触发机制、配置过程、边界范围和动态演变呈现出分立状态。

1. 触发机制：任务导向和结果导向

权力分配与行政组织结构密不可分，上级常依托"中心工作"对基层政府安排部署各项任务。从规范性文件来看，基层政府受到党委、上级政府、职能部门的管理并开展各项工作，呈现出多任务、多委托的模式，各项任务根据难易程度和缓急情况进行权力配置，而中心工作往往是具有高度复杂性和紧急性的任务安排，体现在：一是点多面广，从全国部署的学习教育活动到乡镇发展的攻坚项目，涵盖了包括政治、民生、经济在内的阶段性任务（如精准扶贫、环境整治等）；二是运动式治理，中心工作常被称为"一把手工程"或"帽子工程"，借助部门联动的方式，在短时间内集合多部门的人力、财力和物力，迎合短期绩效追求；三是指标管理，中心工作在严格时间进度的安排下，将总体目标逐一分解为硬性指标，往往采取"一票否决"的考核方式推动落实。

自 20 世纪 80 年代以来，我国政府开始引入"目标责任制"的管理模式，以书面责任形式签订。在基层，目标责任制包括以乡镇及职能部门组成的整体责任和分部门负责人和具体工作人员的岗位责任书，内容涵盖了政府经济发展工作、党政建设工作及社会相关事务的各项工作，通过逐条考核的打分制来落实责任。除此以外，基层工作面向社会，问责始于产生行政行为的不良后果，较为典型的包括受到信访举报（见表 1）和发生责任事故（见图 2）。也就是说，从触发机制来看，责任的配置是结果导向，存在一定随机性，而权力配置是基于任务导向，在常态化工作中具有确定性。

表 1   2013 年至 2016 年全国纪检监察信访举报①

年份	信访举报/万件	立案/万件	党纪政纪处分/万人	移送司法机关/万人
2013	195	17.2	18.2	0.96
2014	272	22.6	23.2	1.2
2015	281.3	33	33.6	1.4
2016	253.8	41.3	34.7	1.1

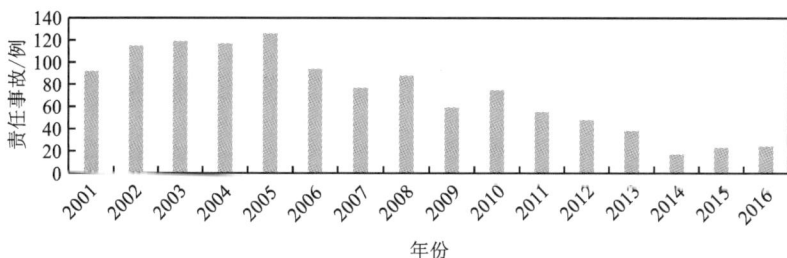

图 2   2001 年至 2016 年我国公开报道特别重大事故和重大事故案例数②

---

① 数据来源：中央纪委各年工作报告。
② 数据来源：国家安全生产监督管理总局各年公报。

2. 配置过程：正式、非正式和半正式规则

在自上而下管控的意义上，规则可以作为国家权力机关有秩序形塑基层政府行为和绩效的工具。为维系基层政府的持续运作，国家权力机关通过设立各种规则程序来对处于不同群体、不同职位的人员进行协调和约束。从规则的性质来看，国家权力机关对基层政府的管理可分为正式规则、半正式规则和非正式规则。正式规则是指那些具有极强外部合法性、通过正式命令或指令发布的规则，以公开的方式来执行，具有普遍适用的约束力，例如正式的法律法规、规章和条例。非正式规则不具备外部合法性，是组织内长期交往中逐步形成并得到广泛认可的行为准则，例如价值理念、习惯传统等。而介于正式制度与非正式制度之间的情况，被称为半正式规则，即那些不具备严格意义上的合法性，却在正式权威允许的范围内进行有限传播且具有有限适用性的规则。

正式规则的影响力有限但具有普遍性，是构成行为不可分割的部分，但并不意味着正式规则对组织能做到完全绝对的控制[①]。权力配置在正式管理过程中存在大量非正式、半正式措施的原因在于：第一，是正式制度本身的问题，如存在空白或模糊地带、规则冲突衔接不利等；第二，行政过程对效率的追求需要打破常规、突破已有法规程序的约束化解各类矛盾。然而，责任配置过程则以正式规则为准则。司法存在形式正义和实质正义，与事实不相符的追责机制构成了基层政府问责的选择性和结果导向的现实表象，虽有"良性违宪"的讨论，但在问责过程中仍坚持规则至上的原则。

3. 边界范围：有限权力和无限责任

秉持简政放权原则的行政体制改革落实到基层时出现了"事权下沉、实权上移"的异化。这种事权过多而实权萎缩的特征体现在：第一，有限财权。税费改革后，基层政府财政自主性减弱，在完成指令性税收任务的基础上，依赖上级财政拨款，通过项目管理的方式配置资金，但由于资金分

[①] 米歇尔·福柯：《规训与惩罚：监狱的诞生（第 2 版）》，北京：生活·读书·新知三联书店，2003 年，第 142—144 页。

散、多头管理、监督不力等原因，使得基层财政出现两种极端情况同时存在，即在民生财政支持不断增加的同时，基层财政匮乏和债务累积的情况同时存在。第二，有限执法权。随着机构改革，乡镇政府只有监管权而无执法权，但在实际行政中，却被委托行政执法形式和综合行政执法的基层创新模式赋予了执法任务。第三，有限裁量权。为杜绝人为因素干扰，基层政府自由裁量权呈现出缩减趋势，但裁量权的过度压缩会导致行政过程无弹性空间，出现基层人员无法灵活执行政策或命令的情况。第四，有限调控权。基层政府在承接多部门任务委托的过程中，由于缺乏必要的调控工具，难以有效协调部门间关于任务、资源、利益的配置。

行业管理和属地管理的现实矛盾实际上打破了"谁主管、谁负责"的问责逻辑。基层政府往往承担了行业部门以辖区管理名义递交的事项和责任，这扩大了基层承担责任的边界，从内容上来讲，包含了以下方面的责任：一是政治责任，领导干部履行党委和上级政府的政策指导并落实各项工作，承担因未能履行职责而产生的谴责和制裁；二是行政责任，行政机关及其公职人员对行政行为负责，并依据法律、法规接受行政惩处；三是法律责任，是行政过程中接受法律处罚的相关责任；四是道德责任，是行政主体承担因伦理准则和道德规范产生的责任。除了组织和个体行政过程中承担的直接责任，同样存在为他人行为负责的连带责任，如因个人失误造成的所属部门集体扣除绩效奖金情况。

4.动态演变：制度紧缩和具有政治功能的问责

自党的十八大以来，全面从严治党被纳入了"四个全面"的战略布局，通过"扎紧制度铁笼"的措施绑住"任性的权力"，逐渐形成了制度紧缩的趋势。为响应中央号召，基层政府在行政过程中也逐渐要求向正式、规范化的制度程序回归。进程推进是基于自上而下的行政权力的，从制度变迁理论视角来看，这一过程虽属于强制性制度转换，但在"为经济社会发展提供良好制度环境"的目标下，根本上是在适应当前需求之下展开的超前制度安排。从理论上来讲，制度变迁代表了产生新的制度以替代或改变旧制度的过程，而我国当前呈现的制度紧缩，实质上是制度增量匮乏、存量不适的结果，在既有制度安排下，只实现了从以往粗放管理的非正式制度向正式制度的转换，而这在基层制度建立或完善的角度来说是远远不够的，并且长久以来依赖过大自由裁量权而忽略制度建设，致使体制转换过程中缝隙较多，无法涵盖现有行政过程的方方面面，难以达到制度均衡。

问责作为负面激励的一种，旨在对行政人员错误动机和越轨行为进行弱化和制止，究其根本是组织惩罚的表现形式。而无论是理论上提出的"问责"还是现行制度中的"问责"，都隐含了关于政治功能运作的策略选择：一是示范效应。长期以来，在庞大的政府系统中，中枢管理的混乱无序往往难以避免，基层出现的问题又往往是多因素造成（如上级指示错误、部门协调不利、历史遗留问题等）的，但为保证体制的稳定和赏罚标准的一致，通过惩罚力度和范围的组合来形成威慑力。二是舆论应对。信息化的技术特性改变了传播模式，基层政府在行政活动中可能出现的滥用职权、处置不当、监督不力、用人失察等问题或许会引发井喷式的舆论传播，而问责是政府化解外部压力的策略之一。三是执纪功能。从政党关系来看，纪检系统逐渐嵌入地方经济社会发展的具体工作和行政事务中。通过两个责任落实情况、违反八项规定情况、重点督查项目、举报线索等方面对基层进行责任追究。2016 年开始执行的《中国共产党纪律处分条例》提到以"六项纪律"为标准[①]，强调纪律的"高压线"性质。从该角度出发，问责具备了落实组织纪律的功能。四是任务传导。上级政府或纪委运用惩罚权力推进基层各项工作的落实，问责开始具有工具化属性，成为激励机制的替代措施，如各地陆续出台了《脱贫攻坚工作问责暂行办法》[②]，旨在以强力问责倒逼扶贫工作在基层的有效开展。

综上所述，权责分立是避责行为产生的重要机制，正是这种不对称的配置结构和特征，构成了结构对行为产生作用的内在机理，而风险是勾连

---

① 政治纪律、组织纪律、廉洁纪律、工作纪律、群众纪律、生活纪律。
② 如西安市、济南市、界首市、安庆市等，以及县级的责任追究暂行办法。

两者的重要内容，也就是说，权责分立塑造了风险，而基层避责正是在不同维度风险下作出的行为选择。在风险逐渐聚集爆发的情况下，基层政府权责分立的结构更是未能有效识别、评估、分散、消解各类风险，并且无法抵挡系统性风险转换为内部风险，此时风险呈现出由外而内的渗透。

从经济性减速到财政风险。经济新常态阶段下减速是不可忽视的趋势，从 2001 年到 2011 年，中国经济增长率年均为 10.4%，而 2012 年和 2013 年，中国经济全年增速均为 7.7%，2016 年全国经济增长为 6.7%。同样，工业经济在高速增长后有了明显的下滑趋势，2010 年全国规模以上工业增加值同比增长 15.7%，2015 年和 2016 年分别下降了 9.6 和 9.7 个百分点①。随着经济增速放缓，财政收入随之下降，而福利、民生开支又具有刚性属性，因此造成巨大的财政压力，赤字风险又会进一步引起债务危机，尤其到乡镇级别，更是面临多样化、区域性的财政风险。

从社会矛盾到维稳风险。深化改革带来了社会整体利益结构的大幅调整和价值观念的高度分化，集中在劳资纠纷、征地补偿、拆迁安置、社会安全等方面的社会矛盾越来越趋于群体化和冲突化。政府行政扩张的同时承担了过多社会责任，在利益诉求爆炸式增长的情况下，基层政府在现有权责结构下承担了过高的维稳风险，如在重大项目中（如国家、省、市、县投资的建设项目，招商引资建设项目，涉及资源利用、环境保护和大面积征用土地的投资建设项目，涉及城市基础设施建设和成片开发项目等），面临群体性和对抗性的方式，用倒逼政府部门动用非常规方式调动资源解决问题。

从互联网发展到信息风险。截至 2017 年 6 月，我国网民规模达到 7.51 亿，中国网站总数为 506 万个②，互联网时代带来了指数级增长的信息和便捷的交互模式，由此产生的网络舆情对行政决策带来的不利影响增加了基层政府的信息风险。网络舆情事件作为社会现象的虚拟投影，极易在网络快速

---

① 数据来源：中华人民共和国国家统计局"国家数据"网络数据库。

② 数据来源：中国互联网络信息中心（CNNIC）第 40 次《中国互联网络发展状况统计报告》，http://www.cnnic.cn/hlwfzyj/hlwxzbg/hlwtjbg/201708/t20170803_69444.htm。

发酵中受到众多关注,而网络中大量充斥的虚假谣言和人身攻击弱化了事件的真实性,增加了基层政府对舆论的研判和应对难度。

从全球化到不可抗力风险。运输工具和电信基础设施的发展加快了现代国家全球化的速度,随着全球化的不断渗透,人们在金融贸易、资本投资、科学技术、思想文化方面的互动越来越多。与此同时,全球化在带来繁荣的同时,人员、信息、货物和服务的多边流动隐含了大量不确定性,使得无法预见的变动在多米诺效应(domino effect)下演化为无法避免的风险,较为典型的不可抗力风险包括自然灾害、社会异常事件等。

(二)权责结构在受到系统性冲击的同时,权责分立成了非系统性风险产生的根源

基层政府权责分立的结构实际上对风险构成一种困境,因为它在受到外部风险冲击的同时,也源源不断产生风险。这里的症结在于,组织结构为其成员制造了缺乏安全感的环境,使得不确定和不一致充斥行政过程,既削弱了权责体系对基层的约束,又使得权责分立的结构对行政过程产生了干扰和影响,主要风险如下:

法律风险。公共权力的行使秉持"法无授权不可为"的原则,尤其是查违和确权工作在法律意义上涉及可诉性,而现实行政过程在权责分立的结构下面临四方面的法律风险:第一,因法律法规、规章的规定不明确、不一致或存在两种以上理解,导致在基层执行过程中存在偏差;第二,一些基层组织从正式规定中虽然没有执法权,但根据上级安排承担执法工作,致使没有法律支持;第三,上级会议精神与法律法规、规章的规定不一致,经过领导程序集体研究、民主决策,因工作需要,按照会议纪要履行职责,致使行政行为无法律依据;第四,改革创新、推动发展中,特别是在关系改革发展大局的重点工作中,存在的突破法律规定的情况。

行政风险。就基层人力、财力、物力的配备状况来看,完全不足以实现管理对象的全覆盖,从而因基层治理能力不足而产生行政风险,主要包括

主体责任与监督责任困境下的风险。基层政府面对管理艰巨而复杂的各项工作，其中一条重要的逻辑是，通过政府层面强有力的管理体系和各项机制来推进企业（或个人）主体责任的落实，但这并不意味政府承担点多面广的所有责任。政府监督责任不断被强化，在一定程度弱化了企业（或个人）的主体责任，致使基层政府面临点多面广的各类风险。

协调风险。公共政策的执行需要各部门的积极配合和有效参与，然而存在的职能交叉、权责不清、部门利益等问题使得行政过程出现摩擦，极大地增加了行政成本。应对跨部门协调问题，政府内常采用建立临时领导小组和划定"牵头部门、配合部门"的方式，平衡部门利益、分工，促进正式和非正式意见的交换。但此类方式主要针对重要工作或重大政策的开展落实，并且是以自上而下"高位推动"的非制度化驱动方式，无法涵盖日常庞杂的跨部门合作，因此会出现相互推诿、责任不清、政令不畅等协调风险。

考评风险。基层政府需要承接自上而下的任务分解和各类考核，在当前压力型体制下的绩效管理中，考核目的、考核工具、结果运用方面都会在权责分立的结构基础上引发风险。第一，各类考核评比的泛化增加了基层政府的应对负担，造成工作错位、目标替代、行政效率低下等问题；第二，虽然考核目标存在相互矛盾的情况较为常见，但"一票否决"的泛化实际上弱化了工作的优先顺序。

道德风险。道德风险是指，为不完全承担责任，基层部门或个体在最大限度地增进自身利益的同时损害他者利益的情况。道德风险建立在经济人的假设基础上，源于权责分立下信息非对称和制度不完备基础上诱发的机会主义行为。从不同主体来看，基层政府中无论是部门道德风险还是个体道德风险，都使得组织内的信用体系遭到破坏，致使该种利己主义削弱基层的公共服务精神。

(三) 风险的不确定性、不平等性和扩散性对行为的塑造

在行为经济学中，丹尼尔·卡尼曼（Daniel Kahneman）和阿莫斯·特沃

斯基(Amos Tversky)用前景理论(prospect theory)来描述个体基于风险预期或概率进行决策的行为①,认为个体行为是根据相对参考点下的判断产生的②,风险规避或风险偏好都是不同情况下的行为选择,并且是依据潜在而非最终损失和收益的评估。也就是说,行为的产生的确与个体对风险的感知紧密相连。风险感知在解释基层避责行为方面是极具解释力的,而这种心理感知是在权责分立结构下产生风险的特殊属性的基础上产生的。

第一,风险的不确定性。风险估计主要包含主观估计和客观估计两种模式,由此衍生出概率树、蒙特卡洛模拟法等方法。在风险预测的传统研究中(如金融、商业、保险等领域),大多是从高斯模型出发构建各种状态发生的概率密度函数,该种正态分布的钟形曲线在风险预测中遇到的最大质疑在于,没有考虑到意外峰值或断裂的情况,即极端情况或意外情况没有被充分重视。对于基层政府来说,风险事件在确定时间内发生的频率及损失的严重程度难以估计,避责行为的产生也源于这种不确定状态,是自我保护机制开启的一种行为选择,风险的不确定属性引发累积效应,在短时期内,某些风险产生的影响可能因不明显而被忽视,但在跨时间和空间的累积下,这种效应以指数倍增长,在乘数的加速作用下,产生巨大的负面作用,面对风险的突发,基层人员最有效的方式为缩减自由裁量权,减少潜在的责任承担。以基层政府规模为例,截至2016年底,全国公务员人数达到719万人,相较于2015年上涨0.32%,虽然仅占全国总人口的0.52%③,但由于除公务员以外还存在大量的财政供养人口(如事业编制的体制内人员)和准财政供养人口(如村委会、居委会人员),政府财政对已有规模的负担能力随着债务增加或赤字扩大而变得难以预测。在此情况下,基层在既

---

① D. Kahneman and A. Tversky, "Prospect Theory: An Analysis of Decision Under Risk", *Econometrica*, Vol. 47, No. 2, 1979. p263

② Matthew Rabin, "Risk Aversion and Expected Utility Theory: A Calibration Theorem", *Econometrica*, Vol. 68, No. 5, 2000, pp. 67-76.

③ 数据来源:2016年度人力资源和社会保障事业发展统计公报,http://www.mohrss.gov.cn/SYrlzyhshbzb/zwgk/szrs/tjgb/201705/t20170531_271671.html.

有规模下倾向采取避责行为来减少行政活动。

第二，风险的不平等性。风险的普遍存在和渗透能力使得基层政府内所有成员均会受到影响，但这种影响是具有差异性的。嵌套在权责结构中的风险，在层级间、部门间和群体间存在严重的分布不对称。其一，从层级来看，风险在上级政府和基层政府之间配置的不平等主要源于权力差异，风险和权力紧密相连，并且制造了层级间的不对称，即某一层级中的部门或个体定义了风险并从中获益，而另一层级则直接承担由他人决策导致的责任风险和不良后果。上级政府和基层政府在不同情境下都可能成为风险定义者和风险承担者，而避责行为的产生也是在这种分裂中有了不同的体现：风险定义者有强烈意愿将风险转移，并且有能力采取避责策略将责任传导至他人；作为承担双重损失的风险承担者，不仅被排除在潜在收益之外，还受到责任风险对其职位安全或利益带来的损伤，进而，避责成了风险承担者化解危机的最佳选择。其二，从部门来看，风险在部门间的分布差异主要基于职能分工的不同，一些涉及监管、执法等专业性较强的部门（如负责城市建设管理、土地开发监察、财政审计）本身具有较高的安全隐患和潜在风险，相反，一些涉及组织人事、后勤服务等对内工作的部门的风险点相对较少。其三，从群体来看，编制的不同使得不同群体在选拔任用、绩效考评、薪酬管理、激励培训等人事管理制度方面有所区别，使得其在面临风险时会有不同的应对策略，并且，基层非正式庇护关系的存在使得个体间风险分配同样具有较大差异。

第三，风险的扩散性。信息时代下虚拟社会的兴起，颠覆了人们对传统交流模式的感受和运用，正是在这种"流动的空间"和"压缩的时间"下，虚拟网络中的文化生产和传播方式对政府管理带来了双重影响。一方面，网络平台使得大众的实践活动实现了从物理空间到虚拟空间的转移，在技术的不断突破和发展下，网络社会系统的交互和扩张具有开放性的特点，成了大众表达诉求、互动交流、评价建言的重要工具，有效保证了公众的知情权、参与权、表达权和监督权。另一方面，这种跨时间和空间的互动模式增加了政府的管理成本，局部事件在网络舆情中井喷式的发展逐渐全局化、复杂化、政治化，从而使行政环境发生了深刻变化。风险的突发在虚拟网络中从舆论焦点事件发端，在对一些有公共性和争议性话题的讨论中，形成全国性关注的活跃态势。同样，风险具有流动性，也就是说，风险因素的某一方面经常可能延伸到其他相关方面，产生辐射效应影响政府运行的方方面面。在此基础上，基层政府成了风险共同体，即失范的行政行为面临网络监督、渲染和发酵，由此不仅引发未来问责，还会引起对过去错误的全盘起底，二者的叠加使得基层面临更大力度的惩罚。

由于权责分立结构下触发机制、配置过程、边界范围和动态演变不对称性的加深，风险的不确定性、风险的不平等性、风险的扩散性更为突出，使得基层人员面临不均等的机会和结果，成了不良后果的最终承担者。权责分立带来的风险陡增挤压了个体在政府中追求价值的空间，使得自发的避责逐渐汇聚，成为普遍存在的一种行为表现，这也解释了为何基层避责逐渐成为一种"无组织的集体行动"①。

四、基层的避责策略

避责策略作为基层权责分立结构下应对风险的行为选择，极具复杂性和多样性。基层工作人员会在整合风险和收益的基础上，根据不同情况、不同条件选择不同避责策略，并且会根据策略的实际效果进行动态组合。避责策略是并行不悖的，多种行为可同时存在，故本文结合决策树和类型学的方法，从两个维度出发，以呈现现阶段基层政府中普遍存在的避责行为。

时间序列维度。基层工作人员在采取避责行为时呈现出序贯决策的形式，是基于时间先后的动态选择，主要可划分为事前主动选择和事后被动应对。在事前未酿成不良后果的情况下，基层人员可通过有限的自由裁量

---

① 参见 Zhou Xueguang, "Unorganized Interests and Collective Action in Communist China", *American Sociological Review*, Vol. 58, No. 1, 1993, pp. 54–73.

权减少风险，主动采取措施规避惩罚，以常态化策略应对可能出现的压力和追责。当行政过程出现不良后果时，基层人员处于被动应付的状态，需要投入大量资源消解恶劣影响带来的损失，是非常规的策略选择。

传导方向维度。在划分事前事后的基础上，基层人员可在方向上进行纵向避责和横向避责。其中，纵向是以层级协调为基础的，进一步可划分为自上而下的避责策略和自下而上的避责策略，一方面，在层级权威下，下级的重要使命和责任在于执行上级决策，在已有规定下，依附于自上而下的权力关系作出行政行为，故在此逻辑下，上级有可能将责任和风险传导至下级管理者；另一方面，下级同样可运用信息优势和技术手段向上级进行避责传导，在有关事项安排、资源配置、权责分担等方面进行博弈互动。横向避责是以多主体互动下的责任转移为基础的策略，主要包括基层政府内同级、政府与社会市场间的互动。一方面，在政府组织内，部门有职责上的差异，人员有职位高低的区别，故在同一层面的横向关系中包括了合作与竞争；另一方面，政府通过征税、许可和禁令等强制性手段对社会和市场进行管理，政府占有主导地位，在平衡发展绩效、合法性和自身自主性的过程中，会采取不同的策略。

避责策略有助于呈现出纷繁复杂现实中的基层面貌，综合时间序列和传导方向两个维度，汇聚了行为先后次序、不同主体的行为选择，由此产生了不同情况下的避责策略(见图3)。

类型一：事前横向策略。组织内的避责：第一，集体决策，采取共同决策方式，由多人共同参与决策分析并制定决策的过程，模糊个体角色；第二，齐抓共管，多方一同协调管理，基于法不责众的观点，将压力和风险分担到集体中。组织外的避责：第一，合同外包，政府与市场通过签订协议的方式，用税收或付款的方式将公共服务或司法权外包，以此减少因服务失败受到的质疑；第二，委托行政，在职权责任范围内依据法律将有关行政职权或事项委托给有关行政机关、社会组织或者个人，以缩减管理行为；第三，多方参与，将组织外的不必要主体也纳入，分散潜在责任。

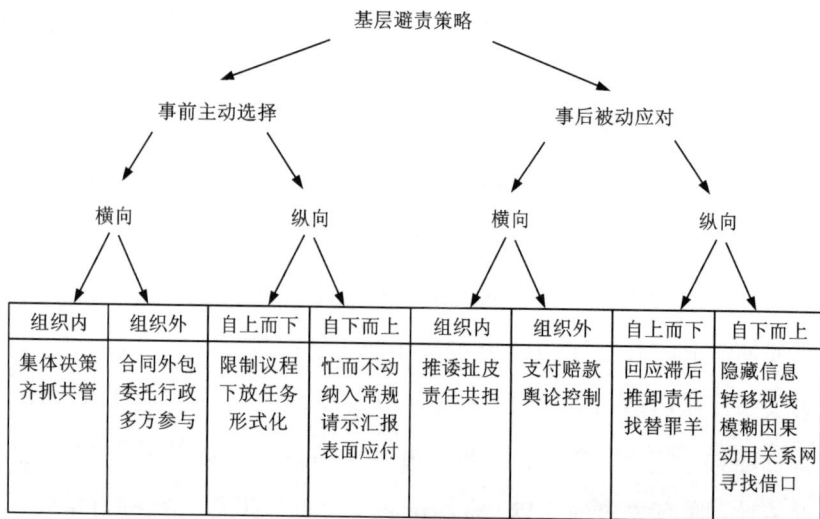

图3　基层避责策略

类型二：事前纵向策略。自上而下的避责：第一，限制议程，减少行政活动以规避犯错的可能；第二，下放任务，将行政事务下沉至下属人员或部门以减少潜在风险；第三，形式化，在自上而下的工作安排中，以各类强调、开会、发文、检查强力部署和落实工作，缺乏实质的指导性意见。自下而上的避责：第一，忙而不动，应对上级要求，当无法推卸任务时，基层人员往往表面上遵从指令办理，但实则毫无进展，用表面上的忙碌来掩盖工作未落实的真实情况；第二，纳入常规，当有重要任务和紧急事项必须完成时，将其都纳入繁文缛节中，用制度、规则和程序应对上级指令和催促，用常规力量将上级交办任务淹没在日常行政过程中；第三，请示汇报，凡事均向上报告请求批示，将责任上移；第四，表面应付，敷衍应对上级指示，执行力不强，形式主义逐渐兴起。

类型三：事后横向策略。组织内的避责：第一，推诿扯皮，出现行政失误，尤其是涉及舆论讨论、举报投诉的事项，将责任推卸至同级其他部门；第二，责任共担，模糊横向部门间的分工界限，采取共同担当的策略化解责任。组织外的避责：第一，支付赔款，行政过程中对他人或组织造成伤害时，通过支付过多赔款来避免民众或社会组织的投诉、举报和集体上访；第二，舆论控制，采取僵化、一刀切式的措施，往往忽视舆情传播规律，选择管制化的舆情控制手段。

类型四：事后纵向策略。自上而下的避责：第一，回应滞后，缺乏信息汇集、分析、预警机制，缓慢处置和被动回应成了基层应对舆情事件的常见策略；第二，推卸责任。出现不良后果时，运用权力将责任推卸至下级承担；第三，找替罪羊，在追责过程中相互推诿，将责任转移至副职、下属或编外人员，让权力链条末端的人员承担处罚责任。自下而上的避责：第一，隐藏信息，出现失误可能面临上级追责，运用专业优势，对信息进行封锁、隐藏或选择性上报，并采取技术手段处理网络舆情，避免上级追责掌握事实证据；第二，转移视线，由于上级注意力和可调配资源都是有限的，通过制造新的危机和议题转移上级关注焦点，弱化那些执行困难、具有追责风险的任务；第三，模糊因果，在面临上级追责时，模糊前因后果之间的关系，用各种形式的材料对自己的行为进行正当性辩护，企图在上级谈话中蒙混过关；第四，动用关系网络，借助非正式关系，寻求上级庇护，宽容已有过错；第五，寻找借口，将工作失误归结为其他原因，掩饰自身错误。

上述策略选择显示了基层组织成员在面对工作困境时是如何采取行动的，这与赫希曼所提出的准退出有类似之处①。组织出现绩效衰退时，成员可通过隶属于政治领域的呼吁和经济领域的退出来进行回应，当呼吁策略无法发挥作用的时候，退出策略就开始占据行为的主要方面，其不仅包含了非正式抵抗的准退出，还存在离开组织的全退出选择。一方面，从现实观察来看，在已有的避责策略下，基层工作人员虽仍在职责岗位上，但采取消极行动规避风险，严重影响了政府合法性和工作效率，属于准退出的策

---

① 参见艾伯特·赫希曼：《退出、呼吁与忠诚》，上海：格致出版社，2015 年。

略选择，即没有经过任何协调或计划，只是作为一种不留痕迹的反抗形式而存在。另一方面，个体的离职选择虽受到多种因素影响，如工资待遇、理想追求等，但应对日益增加的风险和压力，基层工作人员可能会选择退出以避免未来无法预期的风险和责任。相较于企业淘汰机制下的高人员流动率，政府虽更强调人员结构的稳定和长久，但对基层并未设置过高的退出门槛。应指出的是，虽然基层人员拥有可退出的选择，但它并非一种线性选择过程，而是建立在对外在制约因素和内在能力评估的基础上的。实际上，伴随改革开放的进程，政府内部曾出现公务员群体的离职潮，但在经济高速发展阶段，由于大部分专业分工并无特别明显的技术壁垒，政府内部人员的退出并未对体制造成巨大冲击。无疑，退出作为一种竞争机制会为组织淘汰不胜任的人员，但如果离职成了避责的另一种行为选择，可能在未来造成政府的潜在人才流失和资源损耗。

五、基层避责的负面效应和链式反应

不可避免的是，个体行为模式都有绩效衰减的倾向，但相较于其他体系通过竞争实现优胜劣汰的矫正机制的体系，规模庞大的政府由于具有不可替代性，绩效的持续下降会产生诸多问题。虽然经济发展本身会对政治发展提出更严格的限制，多年经济发展积累的生产剩余也可在一定程度内承接绩效衰减的不良影响。但需要重视的是，避责行为的蔓延和泛化若超过可控范围，可能会产生更为难以预料的严重后果，并引发链式反应，阻碍政治、经济、社会的发展。

（一）避责行为的滋生和蔓延，导致了基层改革缺乏带动良性发展的创新力量

改革意味着突破现有体制的束缚，破解发展难题，将规划蓝图逐渐转为政策红利。目前，是我国的重要战略机遇期，基层政府改革过程面临矛

盾叠加、风险陡增的严峻挑战，在此背景下，以创新作为引领基层治理现代化探索，无疑是发展的有效载体。党的十八大以来，创新成为国家发展的核心战略之一，要求实现从要素驱动、投资驱动向创新驱动的转变，从根本上来讲，此举主要为破解发展瓶颈，在资源环境约束下谋求速度与质量的双重兼顾。

基层创新的重要性日益凸显，但在实践中，避责行为带来的创新动力不足、创新举措替代和创新能力下降，成了创新缺失的主要方面。第一，内在动力是发挥主观能动性的重要前提，如果充分调动创新活力，不仅可以最大限度地释放发展潜力，更为重要的是，可形成可持续性的战略发展。而基层避责带来的首要冲击是个体主观意志的懈怠，无论是对外职能方面还是内部管理方面，均采取消极应对的举措。第二，创新是一个包含多维内容的概念，但整体上可划分为技术创新和制度创新，由于避责是在权责分立下的策略选择，为规避组织内外陡增的风险，基层创新探索都集中到了技术层面，而对体制机制方面的改革停滞不前。这里需要强调的是，技术创新和制度创新均无优劣之分，二者之间是相互促进的关系，但问题在于基层创新过度依赖风险低、投入小、形象好的领域，使得技术创新中同质性项目增多，尤其是含金量低的创新，占用了大量资源。第三，资金和人力的投入成了基层创新能力提升的瓶颈，长期以来，"单向投入型"的创新模式过多依赖投入任务指标、规模效应、责任考核，而没有充分实现资金的良好配置和人才队伍的建设，这使得在整合资源的同时并没有发挥有利优势，无法在基层形成一套良性循环、行之有效的创新模式。

(二) 避责行为的滋生和蔓延，导致了自上而下的权威流失、管控效力弱化

我国在深化改革的过程中提出了全面依法治国、全面从严治党的重要理念，将严明政治纪律摆在首要位置，将激励干部敢于担当作为内在要求，

将强化核心意识作为绝对权威。面对日益蔓延的基层避责行为，在继续坚持党风廉政建设和反腐败斗争的基础上，落实"三严三实"要求，贯彻中央八项规定精神坚持不懈纠正"四风"，健全改进作风长效机制，并且在强化权力运行制约和监督的过程中，从多个方面进行了体制机制的创新，既严明党风党纪，又留有试错空间。然而，当前应对基层避责主要从纪律方面入手，而对该问题背后的政府制度设计因素和外部环境影响分析不足。

基层避责给给政府绩效带来了巨大冲击，更为直接的影响在于，经过层级传递的政府目标和命令难以快速有效地转化为实质上的政策执行。不可否认的是，思想教育、监督约束、查办惩治等措施具有很强的震慑作用，通过提醒、约谈、整改、问责、处分的方法可以坚决查处履职不力的情况，但面对避责行为下获取真实信息的成本增加，拥有信息优势的一方会采用扭曲信息的策略来降低自身责任，抵制来自上级的制度传导、示范传导和检查传导。避责行为下的权威流失和管控弱化主要可从周期性和结构性两个方面进一步分析。一方面，从周期性来看，政府在发展过程中存在逐渐僵化的阶段，行动缓慢降低了适应环境的灵活性，机构不顺畅、职责不清晰、利益难协调等问题构成了自上而下的调节困难。另一方面，从结构性来看，基层避责牵扯到软抵抗的问题，也就是说，战略层面的目标和定位无法形成有效的政策支持，基层在执行上级决策部署时，仍停留在形式主义的贯彻落实上，不注重政策执行的实际效果和影响。因此，上级不得不采取运动式的方式来解决下级存在的各类问题，但这种动员方式又会反过来影响常规工作，产生治理困境。长此以往，上级会逐渐缺乏对基层的实质影响力，难以产生有力指导和约束，而这也是限制层级关系良性衔接的重要因素。

(三)避责行为的滋生和蔓延，导致了基层政府被动应对外界需求

基层作为保证国家行政体系运转的重要环节，承担了招商引资、城市

管理、社会保障、民生服务、综合维稳、安全生产监管、食品安全等大量事务，在此过程中，积极主动回应外界需求、调试政策导向，成了持续发展的前提基础。

而避责行为大范围产生时，基层倾向于保护自身利益，被动回应外界需求，致使政府职能失效。第一，对区域经济发展缺乏有力调节，无法为市场主体的经济行为创造良好的发展环境。以往，在"发展就是硬道理"的总体战略下，基层政府为推动辖区内经济增长而进行的招商引资主要集中在劳动力密集型产业和资源消耗型产业。纵使这些产业会造成投资结构失衡等风险，但其资金回收期短、成效快，在区域竞争下，经济指标数据的增长成了基层政府的主要任务。经济新常态下，发展经济逐渐成为业务性指标，在其他政治性任务的压力下，基层工作人员大幅减少经济领域的风险决策，容易出现在有助于市场发展的事项前踌躇不前、等待观望，消极等待上级的明确意见，招商引资积极性降低，吸引投资的优惠政策不断缩减的情况。并且随着地方债务的清理，举债投资的建设项目工程也被搁置，更多选择"走流程、按规则办事"的手段规避风险。第二，对舆情事件缺乏有效应对措施。信息技术革命改变了传统政府治理模式，虚拟社会中的互动和交流，使得个体可借助网络平台产生并传播信息，通过网络政治参与，影响政府政策制定或公共管理活动。可以说，互联网时代不仅改变了政府行使公共权力的方式，还重塑了政府与社会互动的关系，在虚拟社会不断衍生新兴诉求的同时，开放式信息发布平台和被动式推送机制极大地降低了舆情的生成和传播成本，审查、筛选机制的缺失进一步导致了信息的爆炸式增长，公众对政府管理者和公共事务持有的态度、观点、意见、情绪均会通过网络进行放大。而且，在舆情场中良莠不齐的信息中，权威内容在大量冗余信息的干扰下同样存在被淹没的可能。

六、结论与思考

充分激发人力资源内生动力成了我们这个时代的关键问题，特别是面对当前避责行为逐渐蔓延的形势，如何借助多层次、系统化的改革来调动基层政府工作人员干事创业的积极性和主动性成了关键所在。卡尔·马克思（Karl Marx）和马克斯·韦伯（Max Weber）曾就推动人类行为的力量问题提出了不同的观点和看法。马克思认为经济基础决定上层建筑，强调生产力和生产关系的重要性①。而在韦伯看来，欧洲宗教改革后的新教是推动欧洲种种改革的核心力量，强调了精神的主导作用②。这两种看法衍生出组织管理中的一系列激励研究，意图解释并阐述激发人们积极行为的核心机制。对于当前基层蔓延的避责问题，党的十九大报告明确指出，要坚持严管和厚爱结合、激励和约束并重，完善干部考核评价机制，建立激励机制和容错纠错机制，旗帜鲜明为那些敢于担当、踏实做事、不谋私利的干部撑腰鼓劲③。

根据本文的研究结论，我国现阶段避责行为的滋生和蔓延主要受到政府权责分立下各类风险的影响。正是由于权力和责任在配置过程中的非对称性，使得基层在现实行政过程中，无法避免系统性风险和非系统性风险的双重作用。虽然基层政府发生了基层政府从邀功到避责的行为转变④，但并不意味着这种转变是不可逆的，换句话说，政府组织中因避责行为出现的绩效衰退是可以进行调节和修复的。纵使改革过程是一项极为复杂的工程，但可从以下方面展开，为基层官员干事创业营造良好氛围。

---

① 参见卡尔·马克思：《资本论》，北京：北京出版社，2007 年。

② 参见马克斯·韦伯：《新教伦理与资本主义精神》，上海：上海人民出版社，2010 年。

③ 习近平：决胜全面建成小康社会 夺取新时代中国特色社会主义伟大胜利——在中国共产党第十九次全国代表大会上的报告，2017 年 10 月 18 日，http：//news. xinhuanet. com/2017－10/27/c_1121867529. htm。

④ 倪星，王锐：《从邀功到避责：基层政府官员行为变化研究》，《政治学研究》2017年第 2 期，第 42－51 页。

首先，聚焦基层权责关系，持续深化机构和行政体制改革。当前，社会经济环境正发生快速变化，要求基层政府采取积极行动来应对复杂问题，无论是任务数量还是工作难度都将会有很大的增长。在此情况下，需通过厘清权责关系，逐步实现从清单梳理到现实运用的转变，真正解决工作泛化、职能异化、主业弱化等问题，在配置权力、明确职责的过程中，提升基层的可问责性。与此同时，又不能完全局限在已有规定的安排下，因为现实情况的复杂性远超出了制度可规定的范围，故需根据不同地区、部门的差异性情况，在划清纪律红线的基础上，鼓励创新探索，主动适应外界环境变化。在全面从严治党的过程中仍需赋予基层更多自主性，在制度建设的同时，着力打造弹性组织，使其具有高度统筹能力、合作能力和执行能力。

其次，应对基层多重风险，构建危机管理和风险动态防控机制。在被压缩的现代化进程下，亟须从风险存量和风险增量两个维度进行管理。一方面，改革开放在为中国经济持续高昂态势注入动力的同时，需要注意到以资源密集型和劳动密集型为主的粗放式发展也带来了许多负面效应，如发展不平衡、生态环境恶化、社会冲突频发等，这些正是基层需要重点关注的领域，需要精准梳理其中的风险点，对高、中风险进行重点监控，根据风险特点设置科学动态的防范措施。另一方面，全球范围的信息和信息技术革命在激发网络新活力的同时，引发了社会对科技发展"两面性"的进一步反思，即现代技术在带来便利的同时激发了信息时代指数级增长的风险，涉及数据安全、行为监管、技术控制、安全测试等方面不可预测的风险，这需要增强基层政府应对新型风险的专业能力，并且应对危机事件能快速形成跨地区、跨部门、跨领域的综合风险的联动管理。

最后，完善人事管理制度，实现激励与约束的动态平衡。发展首先取决于调动人力资本的潜在价值，其次才会涉及资源和生产要素的最佳组合。一方面，人力资本具有稀缺性，组织在显性人力资本和隐性人力资本中的投入会快速带来经济效益和社会效益；另一方面，人力资本具有能动性，个体迁移能力和创新能力会释放物质资本的生产力，在带来发展的同时会增进组织核心竞争力。因此，持续提升基层人力资本价值是在当前有限资源下的最佳措施，通过专业培训和职业道德的引领作用，强化基层工作人员的工作能力和责任意识。与此同时，应警惕过度问责带来的不良后果，实现奖惩的动态一致，在落实责任的过程中，构建多维度、多层次的激励保障措施。针对基层工作人员行政过程中的困难点，予以政策上的倾向性支持，切实解决基层人才梯队断层、生活工作化、高负荷运转等问题。

问责与容错的制度悖论及其破解之道

韩志明①

摘要：当代中国问责制的发展也带来了广泛的避责行为，因而也提出了容错的问题，推动了容错机制的建设。问责与容错都是约束和控制权力的基本手段，但问责与容错并不是两回事，而是一回事，其实质都是要明确问责的范围和标准，从而提高问责的合法性和合理性。根据责任伦理和主观责任的逻辑，领导干部必须为其决策和行动承担全部的责任，而不管是否存在正式的容错机制。问责也容错的选择反映了当前领导干部制度中"能上不能下"的问题，也就是普遍的不能下、不愿下以及下去上不来的问题。要解决问责与容错之间的张力，真正要解决的是优化赏功罚过的体制的问题，让领导干部可以上下流动，而不是简单地为领导干部的过错设定安全区域。

关键词：问责　容错　能上能下　安全区域　赏功罚过

① **作者简介：**韩志明，上海交通大学中国城市治理研究院、国际与公共事务学院教授，博士生导师
基金项目：国家社科基金重点项目"协商民主的体系化及其程序机制研究"（20AZD023）、教育部哲学社会科学研究重大课题攻关项目"人民政协与国家治理体系研究"（19JZD026）、上海市哲学社会科学规划课题"习近平总书记关于提升上海城市精细化管理水平重要论述与上海贯彻实践研究"（2020ZXA002）

古往今来，为政之要，唯在得人，育才造士，治国之本，人才难得而易失。习近平总书记署名文章也指出，人才难得，轻视不得，耽误不得。① 人才是一切事业的根本，人才旺、事业兴，人才衰、事业败。如何发现人才，用好人才，管好人才，保护好人才，是决定人才如何发挥作用的基础，也是决定事业兴衰成败的关键。揆诸历史，正所谓是，宦海浮沉寻常事，仕途险恶多风波，仕途中的人既不乏"一夜连升三级"的人生戏剧，也多有"充军流放三千里"的凄惨故事。在当前百年未有之变局中，如何根据国家和社会发展的需要，培养和管理好领导干部，夯实和优化人才队伍，提供事业发展不可或缺的人才资源，是实现国家治理体系和治理能力现代化的重要议题。

一、从"问责"迈向"容错"的变奏曲

权力是人类组织和管理社会的重要工具。没有权力，就没法开展合作，也就谈不上秩序，人类社会就会陷入所谓"狼与狼之间的关系"中去，连维持必要的和平和稳定都很困难，更别说要取得发展和进步。但权力从来都是一柄双刃剑，既可以为善，也可以行恶，关键还得看是由什么人来行使权力，按照什么规则来应用权力，行使权力是为了达到什么目的。作为一种支配性的力量，权力具有巨大的能动性，可以产生出难以想象的控制和影响。但权力也意味着责任，有权必有责。所以，权力必须受到制约和监督，否则就会衍生权力腐败和权力滥用，造成难以挽救的损失和后果。

落实责任就必须明确责任，必须进行问责。问责是约束和制裁权力的基本手段，也是最有震慑力的手段。更为重要的是，问责也是教育和保护官员的重要机制，以避免官员在错误的道路上越走越远，防止党和国家造成重大的损失。历朝历代都有惩处失责卸责官员的制度，设立了专门负责监察和弹劾官员的御史，也有大量官员因为过错而受到惩处的案例，相应的惩戒性后果包括贬黜、降级和罚金等。历史上，自屈原、贾谊到柳宗元、

---

① 习近平.努力造就一支忠诚干净担当的高素质干部队伍[J].求是，2019（2）.

刘禹锡、韩愈、白居易，再到欧阳修、苏轼、范仲淹等，历史上的许多著名人物都有过被贬谪甚至是一贬再贬的经历，还形成了独具特色的贬谪文化。这也可以看成是官员问责的副产品。

改革开放以来，对于重大的灾难性事故，比如 1987 年大兴安岭特大森林火灾等重大事故，国家也处理了负有领导责任的高级别官员，但这些个别的或零散的案例并没有得到延续，形成稳定的制度规范。长期以来，受到传统官本位思维的影响，主要是各种责任或问责制度还没建立起来，领导干部普遍的状态都是，有权力，无责任，权力很大，责任很小，权力与责任严重不对称。如果出了严重的问题，很难找到人来负责，责任追究往往是以权力意志为转移的，追究与否，追究哪些人，追究到什么程度，给予什么样的处置，都缺乏明确的依据、规范和标准，问责过程的随意性比较大，公开化程度比较低。

2003 年，面对突如其来的"非典（SARS）"，全国各地先后快速处理了一千多名官员，形成了席卷全国的"问责风暴"，史无前例地开启了民主问责的序幕。随后，遭遇到重大的责任事故，比如重庆开县井喷事件、松花江水污染事件以及三鹿奶粉事件等，国家也都惩处了大量官员，甚至包括省部级的领导干部，延续了问责的成果。与此同时，有关问责的制度安排也逐步建立起来，比如 2009 年印发的《关于实行党政领导干部问责的暂行规定》巩固了问责制的成果。党的十八大以来，根据八项规定的要求和连续的中央巡视，全国持续问责了 20 多万领导干部。[1] 2020 年，在全国防控新型冠状病毒肺炎疫情的过程中，各地接连问责了一定量的领导干部，仅湖北省就处分了 3000 多名党员干部，规模和力度都是空前的。[2]

以习近平同志为核心的党中央高度重视问责问题，"责任""担责""担

[1] 十八大以来全国共查处违反八项规定精神问题 18 万起处理 24.4 万人[EB/OL]. http：//fanfu. people. com. cn/n1/2017/0829/c64371-29501988. html.
[2] 疫情期间，湖北处分 3000 多名失职党员、干部[EB/OL]. http：//k. sina. com. cn/article_7420733505 _1ba4f684101900o2hk. html？from=society.

当"和"问责"等概念数十次出现在习近平总书记的重要讲话中，①其中包括，"要健全问责机制，坚持有责必问、问责必严，把监督检查、目标考核、责任追究有机结合起来，形成法规制度执行强大推动力"；"要坚决把全面从严治党的主体责任压下去，加大问责力度，让失责必问成为常态"。②2016年7月，中共中央制定出台了《中国共产党问责条例》，以党内法规的形式对问责进行了规范，提高了问责制的权威性，体现了中国共产党把从严治党的政治承诺转化为制度与行动的坚强意志，也成了问责方面的党内基础性法规。

2018年5月，中共中央办公厅印发《关于进一步激励广大干部新时代新担当新作为的意见》，要求各地区各部门建立健全容错纠错机制，切实为敢于担当的干部撑腰鼓劲。在现有的500余部党内法规制度中，与问责相关的有119部，其中专门规定的有12部，包含问责内容的有107部。问责与容错的规定已经成为新时代规范领导干部行为的重要内容。容错是问责的补充和修正，两者互为补充，不可分割，如果只强调其中一个方面，另一个方面的作用也不能充分发挥，甚至走向极端和对立面。③科学地界定容错纠错的"错"的内容，是建立健全干部容错纠错机制的前提条件。况且，错误也分为很多种情况，有些错误是可以"容"的，有些则是不可以"容"的。如果放宽容错的标准和边界，容错就会抵消甚至是颠覆问责的成果。

众所周知，官僚体制原本就有保守的基因，官僚个人习惯于奉行无过便是功的哲学。不求有功，但求无过，是官僚体制的常态。问责是必要的，也是很重要的。但遗憾的是，严肃的问责也诱发了官员的避责动机，引发了大量的无作为或不作为的问题。高压的问责态势在很大程度上导致了

---

① 陈朋.辩证把握科学问责和合理容错——学习领会习近平总书记关于问责与容错的重要论述[J].群众，2017(7).

② 十八大以来，习近平重要讲话中"问责"多次出现[EB/OL]. https://www.shobserver.com/news/detail? id=24303.

③ 洪向华.为什么要同时强调问责与容错[J].人民论坛，2017(9).

"小错严罚"的问题，增加了领导干部的风险。有调查显示，对于"为官不为"的原因，62.16%的调查对象认为这与"对落实责任从严的恐惧，害怕问责而不为"存在关联。普遍的无作为是官僚体制官员理性选择的结果，反映出来的是高强度的问责及其制度建设所带来的紧张性，制度约束了各级官员的任意行为，防治了权力滥用和权力腐败，但也带来了不良的溢出效应，即因为害怕承担责任而选择循规蹈矩，谨慎保守，无所作为。

我们必须清醒地看到，问责与容错不是两回事，而是一回事，在根本上是一致的，目的都是要防止权力不作为、胡作为和乱作为。但对于实际的案例，也都需要实事求是，具体情况具体分析，区别对待，酌情处理。问责是惩戒权力的过错，从事后处置的角度来规范权力的运行，所要解决的是不担当和不负责的问题，是要达到赏功罚过的目的。容错则是允许试错，宽容失败，给问责确定免责或豁免条款，营造发展和创新的宽松环境，免除领导干部积极有为的后顾之忧，更不能冤枉好人。但既然是容错，那就确实是有过错的，在处理上则既可能是免除相关责任，也可能是依规从轻减轻处理。就此而言，容错实际上是为问责开了情有可原的口子，也给官员避责戴上了"护身符"。

"没有严格的责任追究，也就无容错的必要。规范党员干部的工作流程和工作秩序，严格责任追究，是建立健全容错纠错机制的前提。"①就此而言，容错问题是问责问题的逻辑延伸，是问责制实施过程的一部分，特别是问责不当或问责不精准所导致的结果，比如宁夏等地区出台规定，在问责领导干部的时候，必须同时启动容错认定调查，以支持领导干部干事创业，保护领导干部的积极性。而容错所针对的和所要解决的是如何问责和问责什么的问题，即到底该不该被追究责任、要承担多大的责任。那么，作为对问责（条款/制度）的例外以及解释，容错问题的出现是问责制发展和成熟过程的组成部分。

---

① 杜黎明.容错的正面清单与纠错的对策清单[J].人民论坛，2017(9).

二、容错与问责的制度与实践悖论

在全面深化改革的过程中，很多未知的难题和风险都会涌现出来，对持续改革和创新提出了要求。随着改革进入深水区，大力推进改革开放事业，必须充分调动和激发领导干部干事创业的积极性，鼓励领导干部大胆改革，探索创新，摸着石头过河，积累经验。面对问责所导致的不作为，尤其是各种显性的或隐性的消极避责倾向，从中央到地方都开始探索创设容错机制，为面临问责高压的各级领导干部减压，让广大领导干部轻装上阵，一门心思创大业，搞创新，谋发展。建立容错机制的本质含义是在坚持对官员失职行为进行严肃的责任追究的同时，允许官员推进改革过程中出现错误，即便犯错误了，也要给予宽容和免责。

党的十八大以来，以习近平同志为核心的党中央强调，要把严格管理干部和热情关心干部结合起来，既要求干部自觉履行组织赋予的各项职责，严格按照党的原则、纪律和规矩办事，不滥用权力，不违纪违法，又对干部政治上激励、工作上支持、待遇上保障、心理上关怀、让广大干部安心、安身、安业，使广大干部心情舒畅、充满信心、积极作为、敢于担当。其中特别强调，要"保持锐意创新的勇气、敢为人先的锐气、蓬勃向上的朝气"，"要保护作风正派、锐意进取的干部"。要强化督查问责，严厉整肃庸政懒政怠政行为，健全激励机制和容错纠错机制，"给干事者鼓劲，为担当者撑腰"。就此而言，容错机制是宽容而不是纵容，不是官员胡作非为的救命稻草，不是错误的免死金牌，而是勇于担当和锐意创新的改革先行者的激励和支持。

近年来，全国各省市都陆续出台文件，探索领导干部队伍中的容错机制，列出可免责的免责清单，鼓励干部干事创业，个别省份还专门针对国有企业、招商引资、科技创新、基层治理等领域出台容错免责的政策。各地出台的文件探索建立激励机制和容错机制，充分调动领导干部的积极性、主动性和创造性，包括确立了选拔领导干部的标准，以树立重能力和重实绩的用人导向，也明确了要关心关爱领导干部，防止问责追责变成推责卸责，特别是明确规定了可以免于问责的主要情形，比如有利于改革创新和发展大局的、大胆探索的、大胆履职的、先行先试的、出于公心的、主动揽责涉险的、不是主观故意的、缺乏经验的、不可抗力导致的、难以预见的、未达到预期效果的、造成不良影响的失误等。杭州市的规定中还明确指出，"重大安全责任事故除外"，以防止容错机制成为逃避责任的"马甲"。

对于容错的标准问题，习近平总书记在省部级主要领导干部学习贯彻党的十八届五中全会精神专题研讨班上的讲话中专门强调了"三个区分开来"，即把干部在推进改革中因缺乏经验、先行先试出现的失误和错误，同明知故犯的违纪违法行为区分开来；把上级尚无明确限制的探索性试验中的失误和错误，同上级明令禁止后依然我行我素的违纪违法行为区分开来；把为推动改革的无意过失与为谋取私利的故意行为区分开来。[1] 三个区分的原则分别是，看动机是谋求私利还是无意过失，行为是敢想敢干还是胡干蛮干，原因是客观条件致错还是主观故意违法违纪，从而确立了判断识别可容可纠之错的基本判断依据，可以说是指明了容错的方向和范围。[2]

总的来说，各地规定的"容错"情形大都强调了法律法规没有明令禁止、符合上级政策精神、经过集体民主决策程序等多个方面，也指出了解释过错问题的客观和主观的条件，各地规定大都采取的是清单列举的方式，但有的简单，有的详细，少则三五条规定，多则十几种情形。就这些规定及其内容来看，容错机制的容错主要都是以创新、担当以及主动作为和不谋求私利等为标准的。这些标准固然非常重要，有利于区分不同性质的错误，但这些也是难以精确界定和测量的，实际操作起来也非常困难，比如如何证明是出于公心，怎样判断是不是主观故意，怎么才能算符合上级政策精神，由谁来认定该不该免责，这些问题都是决定性的。

问责是为了防止权力不作为、胡作为以及乱作为，容错则是激励领导

---

① 习近平. 习近平总书记系列重要讲话读本[M]. 北京：学习出版社，人民出版社，2016.
② 洪向华. 为什么要同时强调问责与容错[J]. 人民论坛，2017(9).

干部敢作为和愿作为，两者都是提高权力运行效能的重要机制，目标都是一致的。① 容错机制为保护和维系领导干部的积极性提供了良好的保障，其积极意义自不待言。要知道，许多领导干部成长起来不容易，需要个人长期的坚持、努力和付出，也离不开组织多方面的投入和栽培，更需要组织的善待和保护。在错综复杂的政策或治理过程中，容错也是保护领导干部的重要方式，比如湖南省长沙市纪委先后通过公开澄清的方式为近 300 名领导干部的不实举报进行了澄清，给相关领导干部以组织保护，②从而有利于解决领导干部做事过程中的后顾之忧。

不过需要注意的是，问责的严肃性需要持续的制度保障，问责的制度化是问责制建设的核心，但建立容错机制固然是为了缓解问责的高压态势、提高问责的理性化水平，但也降低了问责制度的强度、削弱了问责制度的威慑力。实际上，有权必有责，即便是无心之失、意外后果，也需要承担责任，而不能以主客观条件来为错误辩解，从而免除个人的责任，否则就容易助长和纵容领导干部的"慷他人之慨"，用"交学费"来掩盖个人的无能或任性。即便是从个人角度而言，领导干部需要容错来保障其积极性和主动性，但对于国家、社会和公众来说，谁来为错误承担责任的问题更加重要。

所以，错误就是错误，既然是证据确凿、事实清楚的过错，法律制度没有必要藏污纳垢，更不应该主动去为领导干部个人及其过错开口子，也没有必要去原谅个人的过失和大意，更不能去为有过错的领导干部买单，从而变成个人犯错，由全社会买单，由国家去买单，这应该成为制度建设的基本考虑。领导干部的声誉和权益固然很重要，保护有担当和有能力的领导干部固然很重要，但更需要保障国家利益，维护问责制度的权威性，规范权力的行使和运用，形成有错必纠的良好氛围，让所有人都为其行为切实负起责任来。

---

① 竹立家.问责与容错[J].中国党政干部论坛，2016(8).
② 除恶通报"官员落马"，长沙市纪委干的这件事也很有分量[EB/OL]. https：//www.icswb.com/h/101205/20180825/555456.html.

问责和容错都是规训权力的重要手段，也都是保护官员的重要方式，两者不是对立的，而是统一的。我们应在容错与问责之间找到事物发展的平衡点，既充分调动、保护组织和个人合理合法的创造活力，又使乱作为、不作为、慢作为、胡作为受到应有的惩罚，更使错误、失误的决策部署得到纠正和补救，更好推进工作开展。

三、寻找能上能下的破解之道

在社会转型的过程中，适应经济和社会快速发展的需要，着眼于推进民主和法治建设，适时建立健全问责制度无疑是非常重要的。问责是国家治理的基本工具，是监督和约束权力的，也是最为行之有效的激励机制。没有问责，就没有法律制度的权威，职责权利也就无从谈起，更难以约束和制裁各种慢作为、不作为和乱作为等。问责奉行权责对等的原则，有多大的权力，就要承担多大的责任，是以法治建设为基础的，目的是限制和防止权力的滥用和腐败。对于庞大而复杂的官僚体系来说，问责是保证官僚体系顺利运转的工具，也是现代国家实现民主治理的重要路径。

官僚体系是以权力为中心而建构起的一套复杂的权责体系。在推进民主和法治建设的过程中，建立健全严密而科学的问责体系，是无论怎样强调也不过分的。科学的问责体系本身就意味着要明确问责的对象、划定问责的边界、确定问责的标准、健全问责的程序、明确问责的结果等。其中，哪些过错应该问责，哪些问题不应该问责，都应该有较为明确的标准，有比较合理的界限，从而实现适度问责、精准问责，提高问责的权威性和公信力，真正让各种过错行为及其后果都能得到应有的应对和处置方式，让问责成为诱发领导干部热情和干劲的指挥棒，防止权力滥用和腐败的利器。

反过来说，考虑到问责可能会带来官员的士气低下，逃避责任，无所作为，因而建立容错机制，为探索、创新举动以及无心之失等开辟"安全区域"，折射出官僚体制强化责任过程中的妥协和无奈，也直接显示出"能上不能下"的陷阱。也就是说，优化领导干部队伍的根本性问题是能上能下的问题，个人既可以因为能力和功绩而得到提拔，也必须为其过错而受到惩戒，包括承受罢官去职的后果。即便某些后果是其所不想要的，是不能控制的，是意料之外的，也必须有人来承担责任，给广大民众一个交代，而不是鼓励在容错"保护伞"的庇护下，纵容和助长各种"交学费"的问题。这才是负责任的政治。

根据马克思·韦伯的观点，指导行为的准则包括"信念伦理"和"责任伦理"，前者意味着行动者只考虑善的动机，而不管最后的结果是什么；后者意味着行动者不必须估计自己行为的可能后果，为其承担责任。韦伯认为，以政治为志业的政治家必须根据责任伦理来行动，永远考虑到自己行动的后果，为其行动可预见和不可预见的后果担负责任。所以不管问责与否，是否有正式的组织问责的结果，领导干部都应该勇于承担起个人的责任，这也应该是新时代领导干部担当精神的重要内涵。由此伦理逻辑可知，正所谓"我不杀伯仁，伯仁却因我而死"，个人必须为其行动及其（意外）后果承担责任，因此也就无所谓免责或容错的问题。

领导干部不仅要承担外部强加的客观责任，也要承担基于信仰和良知的主观责任。[①] 领导干部固然承担着落实领导安排任务的责任，不得对抗上级决定和命令，在执行政策的过程中固然要经过组织程序，但如果出现了问题，就算组织上不给予问责的处理，作为具有伦理自主性的个人，领导干部也应该要主动担当，这也是党政领导干部问责条例中所列举的引咎辞职的情形，比如因为工作严重失误、失职造成重大损失或者恶劣影响，或者对重大事故负有重要领导责任，应当引咎辞去现任领导职务。一个成熟的领导干部必须是一个具有伦理自主性的个人，不仅仅是严格遵循法律制度的规范而行动，也应该听从内心独立的价值、信念和良知，从而为其做出的决定、行动以及后果承担责任。

只有一个能上能下的环境，才能让领导干部有建功立业的雄心壮志，

---

① 特里·L.库珀.行政伦理学：实现行政责任的途径[M].4版.张秀琴，译.北京：中国人民大学出版社，2001：63，74.

也才能让领导干部不担心因为过错而被问责。因为成功必然可以获得奖赏，而过错也必定要接受制裁。因此，在一个能上能下的环境中，必须做到是非分明，有错必纠，有错必改，有功必赏，因此也就无所谓容错了。要想真正激活官僚体制的潜能，发挥领导干部想干事和能干事的热情，就绝对不应该局限于各种条条框框的限制，试图在循规蹈矩的组织人事流程中发现真正的人才，而是要不拘一格降人才，通过事业去磨炼和发现人才，让优秀的人才快速地脱颖而出，甚至让领导干部从挫折和失败中得到学习和锻炼，以快速成长为国家的有用之才，以为社会主义建设事业做出更大的贡献。不能把领导干部当作温室中的花朵，以至于禁不起狂风暴雨的冲击。

长期以来，能上能下的问题都是领导干部队伍建设和发展的基本问题。2011 年，《人民日报》的组织工作满意度民意调查显示，受访的 2 万多个单位对"单位干部任职制度改革需要解决的突出问题"一项的回答中，排在首位的是"干部能上不能下"。领导干部队伍建设中存在的突出问题是领导干部不能下、下不来、不愿意下，下的渠道不畅，机制不健全。解决能上不能下的问题，也是干部人事制度改革的重点和难点。一些干部存在只要不违法违纪，组织上"不能拿我怎么样"，事业进步与否、单位发展好坏"与我没有多大关系"的思想。表现在工作上就是不求有功、但求无过，在岗不作为、少作为，甚至乱作为。

面对百年未有之大变局，国家的各个方面都面临巨大的挑战。迎接国际国内局势变幻的挑战，需要政治品质、领导能力和业务素质都出类拔萃的人才。伟大的时代需要伟大的政治家，国家的发展需要优秀的人才。中国是一个大国，国家治理利害攸关，牵一发而动全身，犯错误的成本很大，尤其需要政治家的正确领导，引领广大人民走向光明灿烂的未来。政治家的远见卓识、思虑高远、精心谋划，是决定事业发展成功的关键因素。这个需要是激励政治家的雄心壮志，为优秀的政治家提供发挥自己才能的舞台，为社会提供可能的优秀领导人。这需要高效率的公共选择机制，保证有能力和有抱负的优秀人才能够挺身而出，为国家利益而努力探索。

所以，真正的问题是如何赏功罚过的问题，是能上不能下的问题。问责成其为问题是因为问责的标准还不够科学合理，被问责的官员缺乏可以正常复出的通道，因此把抵制和规避问责变成了唯一的选项。反过来说，容错变得紧迫而必要，也是因为问责之后就没有可"东山再起"的机会，"下去容易上来难"，因此倒逼为问责设定豁免条款。只有建立起顺畅的"可上可下"的机制，问责才不会被看作洪水猛兽，容错也就变得理所应当，甚至变得没有必要。因为不管是什么错误，既然是错误，既然产生了不良的后果，那就必须有人来承担责任。在某种意义上，问责和容错都是保护官员的办法，都有利于官员在错误的淬炼中增长才干和能力，提高为社会主义建设事业贡献力量的能力。

对于国家和社会发展来说，保护知法守法用法的广大领导干部无疑是很重要的。更需要开拓创新，锐意进取，勇于担当，持续改进改革的水平，提高开放的高度，提升发展的质量，这并不可能仅仅通过简单的问责官僚体系就能做到，更需要建立优胜劣汰的赛马机制，建立民主竞争机制，形成良性的激励体系，让优秀的人才能够脱颖而出，为国家民族的发展和进步而奋斗，谋求民族复兴的发展和未来。为此，2015年7月28日，中共中央办公厅为推进领导干部能上能下，印发《推进领导干部能上能下若干规定（试行）》，开始了新时代能上能下的探索，让优秀的人才脱颖而出，为党和政府的事业提供源源不断的人才支持。

对领导干部的问责是很重要的，但问责必须依法依规进行，应该问责的过错，必须给予问责，不该问责的情况，也就不需要问责，从而也就无所谓容错的问题。在民主治理的时代，防错容错纠错无疑是很重要的事情，尤其是互联网的广泛应用，很有可能导致过错问题被过度放大，形成严重的负面舆论。我们需要用严格的问责来维持官僚体系的正常运行，维持稳定高效的官僚体系，形成能者上、庸者下的良好氛围。当然，只要有充分发展和应用的民主机制，比如社会监督、信息透明和舆论自由等，即便是考虑到领导干部的过错及其潜能，也不会导致无可挽回的后果。

自古至今，历朝历代，都不乏官员升迁的法律制度，也要通过追究责任来约束和控制权力，也常有所谓官员"三起三落"的经典故事。这里的"三起三落"并不是说必须是只有3次罢黜升迁的经历，而是泛指在官场中的上下起伏的经历。纵观历朝历代的官员，可以看到大量"三起三落"的官场典型，比如唐朝著名的宰相姚崇有三起三落的历史，魏元忠和李泌都经历了四起四落的历史，宋朝著名的范仲淹和苏轼都有三升三贬的经历，著名宰相寇准还有五升五贬的遭遇。这些历史上著名的人物，都有杰出的治国才干，也都有非常突出的性格特点。

金无足赤，人无完人。有才干的领导干部，往往都是比较有性格的人，也可能存在许多方面的弱项或短板。人非圣贤，孰能无过，国家治理事务庞杂，牵涉方方面面的利益，从来没有现成的答案和结论，出些差错和纰漏也都在所难免。通常的情况可能是，不做事，也不会犯错误，做的事情越多，犯错误的概率也越大。要做事情，尤其是进行必要的改革和创新，必然触及各个方面的利益，甚至是要得罪既得利益者（包括各种组织、群体和个人等），就难免要遇到强大的阻力和障碍。此外，在政治和社会领域中，一件事情的是非对错并非只有单一的标准，也没有世人所公认的标准答案，因此最后的结果往往是有争议的，是可以给予不同的解释的，所以也很容易构成"过错"，最终导致相关领导干部仕途曲折。

最后，平稳而顺利的仕途经历固然是领导干部个人所期望的，在官僚体系的金字塔阶梯中，每个官员都希望不断上升，而不是从上面掉下来，也不愿意接受上上下下的折腾和煎熬，但这样子只是助长了领导干部的安逸、保守和怯懦。无论是从国家和社会的需要出发，还是从领导干部人才的成长出发，都需要打造能上能下的人才环境。应用问责来规范和监督权力，防止权力滥用和权力腐败，也要建立容错机制，保护和激发干事创业的积极性。更需要"大浪淘沙"，切实优化赏功罚过的体制，健全能上能下的识人用人机制，"疾风知劲草，路遥知马力"，让真正的人才在不同的岗位和层次上得到充分的锻炼，也在能上能下的过程中得到能力、意志和精神的锤炼，从而拥有更加强大的治国理政能力，更好地服务于社会主义现代化建设的宏图伟业。

探索新时代容错纠错机制顶层设计

文山虎①

摘要：党的十九大作出了中国特色社会主义进入新时代的重大政治判断，明确了我国发展新的历史方位，赋予新的历史使命、目标任务。坚持严管与厚爱结合、激励与约束并重是新时代纪检监察工作的重要原则之一，从中央到地方纷纷出台激励干部担当作为的政策，容错纠错机制成为激励担当的重要一环。本文旨在以容错纠错机制为重点，完善新时代激励和保障改革创新、担当作为的顶层设计。

关键词：新时代　改革创新　担当作为　容错纠错　顶层设计

---

①　**作者简介：**文山虎，湘江新区纪工委书记

一、引言

党的十九届五中全会昭示着我国开启全面建设社会主义现代化国家新征程。十九届中央纪委五次全会要求充分发挥全面从严治党的引领保障作用,强调"更加突出严管厚爱结合、激励约束并重,使正风肃纪反腐更好适应现代化建设需要,使监督体系更好融入国家治理体系,释放更大治理效能"。

事业成败,关键在党、关键在人,瞻望新征程,纪检监察机关必须不断提高政治判断力、政治领悟力、政治执行力,深刻认识当前艰巨繁重改革发展任务,切中当前党风廉政建设的要害,善于以"良法"促"善治"。激励干部改革创新、担当有为,关键是要加强顶层设计,探索"五位一体"激励关爱干部担当作为机制,打破不利于干事创业的顽瘴痼疾,助推敢闯敢干敢试的创业生态,坚定不移保护担当者、支持干事者、宽容失误者、问责不为者,更好服务保障国家级新区示范引领担当作为、干事创业。

二、新时代干部容错纠错机制顶层设计的必要性

(一)新时代激励干部担当作为的工作要求

习近平总书记指出:"全面从严治党的目的是更好促进事业发展,激励干部增强干事创业的精气神。"2016 年,习近平总书记提出"三个区分开来"的重要要求,为容错纠错提供了评判标准;李克强总理也在政府工作报告中指出:"健全激励机制和容错纠错机制,给改革创新者撑腰鼓劲,让广大干部愿干事、敢干事、能干成事。"2018 年 5 月,中共中央办公厅印发《关于进一步激励广大干部新时代新担当新作为的意见》,从教育引导、用人导向、干部考核、容错纠错、锤炼本领、关心关爱、形成合力提出明确要求。其中建立容错纠错机制,是强化正向激励,引导干部担当作为的重要举措,明确提出要认真贯彻落实习近平总书记提出的"三个区分开来"重要要求,

细化容错纠错的具体措施，保护干部的积极性、主动性、创造性，旗帜鲜明地为干事者加油、为担当者担当[1]。

(二)解决实践过程中存在的诸多问题

在实践中，容错纠错机制的发展并不平衡，重要原因在于：一是"可容错"的界限模糊，容易造成"纪律松绑"的担忧；二是容错纠错的程序缺乏标准，谁来决策、如何决策、如何保证公平公正，存在风险；三是容错与纠错的衔接和尺度不好把握，容错容易影响纠错的力度，纠错不及时不全面又违背了容错的初衷；四是容错纠错的评估机制尚未健全，机制建设的科学性和规范性缺乏评价依据；五是容错纠错机制与其他鼓励和保障干事创业的机制衔接配套不够的问题。要克服实践过程中的重重难关、激发干部新担当新作为的强大动力，必须加强顶层设计，以容错纠错机制为核心，拓展和健全各类可操作、可落地的制度机制，形成激励干部新时代新担当新作为的鲜明导向[2]。

(三)全面深化改革亟须实行容错纠错机制

新时代，全面深化改革进入"深水区"，要求我们敢闯敢干"杀出一条血路"，这就迫切要求为改革创新、担当作为者撑腰鼓劲。中共中央办公厅印发的《关于进一步激励广大干部新时代新担当新作为的意见》明确要求"切实为敢于担当的干部撑腰鼓劲。建立健全容错纠错机制，宽容干部在改革创新中的失误错误""对干部的失误错误进行综合分析，对该容的大胆容错，不该容的坚决不容"。

三、新时代完善容错纠错机制顶层设计的对策

人类历史上，有两种制度总是在纠缠，一个叫"效率"、一个叫"公平"，这两种制度向来如影随形，很难彻底一方消灭另一方。在纪检监察实际工作中，如何把握两者之间的"平衡点"，最关键的是要做好容错纠错顶层设

计，统筹考虑实施容错纠错的各层面和各要素，追根溯源，统揽全局，以系统性、创造性思维寻求问题解决之道，做到上接政策、下接地气。具体来说，要设计一个识错、防错、容错、纠错、"回头看"一体化的体系，变被动为主动，在干事创业的新征程上，有的放矢去"僵气""暮气""傲气""浊气"，让干部"不泄气"。比如湖南湘江新区结合理论探索与创新实践，形成了"改革创新风险备案""容错纠错""廉政风险防控""澄清正名""关爱回访"五位一体的激励关爱干部担当作为机制，为容错纠错机制的顶层设计提供新思路、新方法。

(一)构建改革创新风险备案制度：灵活求变去"僵气"

不改革创新就没有出路，一定要让党员干部明白，不用新思维、新方式、新技术，永远万无一失，但永远落后。当前，一些干部缺乏改革攻坚的勇气和决心，往往"改革创新""示范带头"喊在嘴上，实际行动上却不敢越"雷池"半步，凡事要看有没有上级依据、过去有没有先例，更谈不上"大刀阔斧、奋力开拓、先行先试"。之所以出现这种情况，主要还是怕有风险"不敢为"，不敢大胆去试、大胆去闯。

当前，全面深化改革进入深水区，促进党员干部与时俱进、勇于创新，大力破除思维定式、工作惯性和路径依赖关键要靠科学的机制来保障和鼓励基层探索，努力解决改革创新、担当作为的保障机制建设滞后的问题。因此，要积极探索改革创新风险备案制度，针对需打破常规或惯例、存在一定决策风险的探索性工作，可向纪检监察机关事前提出备案申请，让鼓励改革创新、宽容失败的激励机制落地生根，允许党员干部在"试错"中寻找"试对"，助推国家级新区用足用活用好先行先试权，率先打破体制机制束缚，加快发展路径创新、新旧动能转换。

(二)构建容错纠错的机制导向：敢闯敢拼去"暮气"

新时代是奋斗者的时代，一定要让党员干部明白，失败是成功之母，没有承受失败的度量，也经不起成功的辉煌，要敢于斗争、敢于胜利。近年来，基层工作任务比较繁重，一些干部身上的担子越来越重、顾虑越来越多，"刷碗怕打碗"，一些干部"怕出事""怕失误"，以及"不求有功但求无过"，"怕"字当头不干事，有风险的事不敢干，有难度的事不愿干，没有先例的事不肯干。甚至还出现了矛盾上交、责任甩锅、"层层签字"等问题。这些问题的根源之一，就是基层干部怕问责，尤其是怕"不讲道理的问责"。

当前，各地纷纷出台容错纠错类的政策文件，但在具体实践中，仍然存在"该容的不敢容"、担心"纪律松绑"等问题。因此，从实践层面来看，容错纠错最重要的就是明确容错免责具体细则，使其在实际中具有较强的可操作性。必须切实把握习近平总书记提出的"三个区分开来"重要要求，针对当前容错实施中的堵点、难点问题，提高"容"的专业化、精准度。比如，明确看问题性质是探索创新还是有令不行、有禁不止，主观动机是出于公心还是假公济私、以权谋私等"五看"的标准；探索容错正面、负面清单，破解"容还是不容"界限不明问题；建立复杂争议问题会商裁决机制，解决争议不决的问题；建立上下联动机制、争取上级理解支持等，让容错纠错机制易辨析、易操作，让党员干部干事创业的胆子大起来。同时，作为纪检监察机关自身来说，也要顺应新形势新要求，在启动问责程序时，主动做到容错审查"三同步"，即同步启动、同步调查、同步认定，让基层一线干部尽责免责或减责，不再成为"背锅侠"。

总之，就是要鼓励基层干部与实际情况相结合，敢于研究提出务实管用、能解决实际问题的改进办法和细微举措，积极解决现实中司空见惯却影响企业发展、影响群众生活的难题，增强群众的获得感、幸福感、安全感。

(三)构建廉政风险防控机制：依法行权去"傲气"

信任不能代替监督，一定要让党员干部明白，党内不允许有不受制约的权力和不受监督的党员，不受监督的权力必然导致腐败。每一件重大案件的发生，无不暴露出党内监督存在的漏洞，必须从制度层面补齐短板、扎紧笼子。抓实廉政风险排查和防控这个基础性工作，意义就在于有效构筑"防火墙"，从单纯的"事后处置"拓展延伸到"事前预防"。

一方面，通过清理职权、明确风险点、完善防控机制，促进干部依法行政、廉洁从政意识有效提升；另一方面，提升权力运行监督制约的精准度，实现关口前移、源头反腐，提高反腐倡廉科学化水平。围绕权力运行"前、中、后"三个环节，促进权力科学分配，强化权力运行过程监督制约，构建前期预防、中期监控、后期处置的廉政风险防控机制。

比如，湖南湘江新区近年来探索形成了具有新区特色的廉政风险防控机制，在职权清理方面，共清理职权437项，厘清重要风险点147个；在风险岗位确定上，评定出一、二、三级风险岗位共385个；在防控举措上，完善防控制度和举措175项，特别是针对国土规划、项目建设、资金管理等重点领域和关键环节，前移监督关口、区分监督侧重点，推动健全一系列内控机制，堵塞制度漏洞。建立《廉政风险清单》动态更新机制，督促各单位及时更新职权目录清单、权力运行流程图、排查风险点，并报纪检监察机关备案。同时，据此探索建立高廉政风险岗位履职监督检查制度，促使公职人员增强了"有岗有权就有风险有监督"的责任意识、风险意识，习惯在监督约束条件下开展工作。

(四)构建澄清正名机制：清新自然去"浊气"

为受到不实举报的干部澄清正名，最大限度消除负面影响，让真正干事创业的干部没有"后顾之忧"，也是激励关爱的重要一环。

纪检监察机关对收到的问题线索，要注重区分错告、诬告陷害或举报不实的情形，精准把握核查时机和方式，防止负面影响。对遭到错告、诬告陷害或举报不实、需澄清的要细化澄清保护方式，比如采取向其所在单位反馈的方式进行澄清；涉及评先评优或提拔任用的，向组织人事部门通报反馈；造成不良影响的，通过召开会议、个别说明等方式通报调查结果；对在网络等媒体上造成不良影响的,会同宣传部门公开澄清,消除影响等。同时,要坚决查处故意诬告陷害行为,对发泄私愤、故意捏造、诽谤虚构、歪曲事实、冒用他人名义诬告陷害等情形,从严从重、通报曝光,弘扬新风正气,不让真正干事的人"寒心""泄气"。

(五)构建关爱回访机制:卸下包袱"不泄气"

激励干事和约束权力两者相辅相成,在以"约束"引导干部正确作为的同时,以"激励"强化干事创业内在动力。

一方面,为犯错者指航引路、不掉队,对一时犯错误受处分的干部,及时回访、真情关爱,帮助其解开心结、放下包袱、重拾信心、积极作为;对于处分期满后,切实改正错误、业绩突出的同志,积极向党委和组织部门反馈。

另一方面,关爱包容基层一线干部,对基层一线人员工作上的一般性失误或轻微违纪违法行为,一般采取谈话提醒、批评教育、诫勉谈话等方式处理,彰显"既有力度、又有温度的纪检监察工作"。

四、总结

当今世界正经历百年未有之大变局,我国正处于实现中华民族伟大复兴关键时期,正乘势而上开启全面建设社会主义现代化国家新征程,必须以更大的政治勇气和智慧,涵养和激发求真务实、开拓进取的新风正气、昂扬锐气。这就要求在机制层面,探索完善容错纠错等为担当者担当、为负责者负责的相关保障机制,切实为敢于担当的干部撑腰鼓劲。从本质上看,容错和问责本质上都是为了促进正确行使权力,不同的是,问责是从惩处的角度,而容错是从激励关爱的角度来促进权力正确运行。做好容错纠错机制的顶层设计,必须健全覆盖"事前""事中""事后"全过程、与监督工作环环相扣的工作体系,形成闭环。"五位一体"机制针对性地解决了这个问题,为容错纠错机制切实发挥效应打通了关键环节、形成了联动效应,从而真正达到激励干事担当,为高质量发展增添内生动力的预期目的。

参考文献

[1]彭华.适应新时代新要求 激励干部新担当新作为[J].党建研究,2020(1): 56-58.

[2]郭少飞,张莉. 新时代干部容错纠错机制发展的现状及对策[J]. 理论学习–山东干部函授大学学报, 2019, 000(006): 48-52.

国家级新区容错纠错制度完善探析

孟谏君①

摘要：作为承担国家重大发展和改革开放战略任务的综合功能区，国家级新区引导广大公职人员放开手脚、先行先试，建立健全容错纠错的长效机制是重要激励因素。但容错纠错工作在实践过程中存在"容"的范围不明确、"错"的概念不清晰、容错自由裁量度较大、容错思想较保守、纠错机制不完善等问题，导致容错纠错制度难以真正落地，激励作用大打折扣。因此，本文从明确容错纠错中"错"的边界、科学合理设置容错纠错程序、坚持容纠并重、加强对容错权力的监督四个方面提出完善容错纠错工作的对策与建议，旨在为容错纠错工作的推动提供理论启发。

关键词：国家级新区　容错纠错　制度完善

---

① 作者简介：孟谏君，湘江新区纪工委副书记、监察室主任

一、容错纠错制度背景

容错纠错伴随新时代改革创新的需要而生。党的十八大以来，以习近平同志为核心的党中央全面加强党的领导和党的建设，全面从严治党向深入推进。虽然干部队伍的作风有所改进，但仍有少数干部存在不作为、慢作为的官僚作风问题，从而导致庸政懒政怠政、改革勇气锐气弱化。党中央对此高度重视，习近平总书记也一再强调，好干部要做到信念坚定、为民服务、勤政务实、敢于担当、清正廉洁；要德才兼备、以德为先。当前改革开放已经步入攻坚期和深水区，更需要调动各级党员干部抓改革、促改革的积极性，争做改革的促进派。那么，应如何调动干部的积极性，构建科学的激励机制，既能激励干部开拓创新、担当实干，又能宽容他们在工作中所犯的错误，旗帜鲜明为敢于担当、踏实做事、不谋私利的干部撑腰鼓劲呢？构建容错纠错制度被正式提上日程。

二、国家级新区容错纠错制度建设与实施的现状

"三个区分开来"是容错纠错制度的重要理论依据与指导原则。随着一系列容错纠错政策的出台，容错纠错也从战略思想细化为可操作性的制度文件。2016 年 1 月，习近平总书记在省部级主要领导干部贯彻党的十八届五中全会精神专题研讨班上发表重要讲话，提出"三个区分开来"重要思想；2018 年 5 月，中共中央办公厅出台了《关于进一步激励广大干部新时代新担当新作为的意见》（中办发〔2018〕28 号），提出要建立健全容错纠错机制，宽容干部在改革创新中的失误错误；2019 年 10 月，党的十九届四中全会审议通过《中共中央关于坚持和完善中国特色社会主义制度、推进国家治理体系和治理能力现代化若干重大问题的决定》，提出要提高治理能力和治理体系建设水平；2019 年 12 月，国务院办公厅出台《关于支持国家级新区深化改革创新加快推动高质量发展的指导意见》（国办发〔2019〕58 号），提出新区要建立健全激励机制和容错纠错机制，培养担当敬业、干事

创新的干部队伍。一系列政策文件的出台，明确了容错纠错工作的基本框架与主要内容，也为各地区开展容错纠错工作提供了参考与指导。

为响应中央对容错纠错工作的倡导，各国家级新区相继出台了容错纠错相关文件，并积极开展容错纠错实践探索。经过政策研究与实地调研发现，各国家级新区容错纠错工作进展不一，大致可分为四种情况：一是起步探索中，暂未建立符合新区实际情况的容错纠错制度；二是建立健全制度中，虽已建立相关制度，但制度需进一步改进和完善，尚未开始执行；三是实践推广中，已建立相关制度且予以执行，但成效不佳；四是全面开展中，容错纠错实践具有明显特色与创新，成效较显著，具有一定的经验推广性与创新性。

不同发展阶段的容错纠错工作都普遍存在一些问题，比如"容"的范围不明确、"错"的概念不清晰、容错自由裁量度较大、容错思想较保守、纠错机制不完善等，导致容错纠错制度难以真正落地，在实际执行过程中困难重重，激励作用大打折扣。因此，要使容错纠错制度真正发挥效力，就必须从制度、机制构建上提出切合实际的对策，从根本上解决容什么错、怎么容、怎么纠等问题。本文将围绕这些内容进行阐述，就容错纠错制度的建立展开积极探索。

三、国家级新区容错纠错制度的建议与完善

(一) 明确容错纠错中"错"的边界

"三个区分开来"是划定"错"的范围的重要依据，即把干部在推进改革中因缺乏经验、先行先试出现的失误和错误，同明知故犯的违纪违法行为区分开来；把上级尚无明确限制的探索性试验中的失误和错误，同上级明令禁止后依然我行我素的违纪违法行为区分开来；把为推动发展的无意过失，同为谋取私利的违纪违法行为区分开来。要结合不同阶段不同情况，认真研判当事人实施行为的具体背景、目的、过程和后果，辩证分析其失误

和偏差，历史、客观、全面地评价干部。

从"三个区分开来"理论的内涵推出可容之错至少应包括以下三个方面。首先，包含尚无经验借鉴而出现的错，如随着全面深化改革进入深水区和攻坚期，在时间紧、任务重、要求高，无先例可循、无经验可鉴的情况下，一些干部"摸着石头过河"容易走弯路，甚至会犯错误。其次，尚无明文规定而出现的错，如相关工作没有明文规定或者规定不明确的，工作无章可循却必须推进，在另辟蹊径、采取一些不同于传统观念或"规定路线"的创新动作时，难免会出现偏差和失误。最后，主观上无故意，由于过失而出现的错，如出于公心、尽职尽责，也可能会因客观缺乏经验或对工作不够熟练而出现工作失误；或因未能较好地应对难以预见或不可抗的因素，导致预期目标未能实现甚至造成不良影响。所犯错误属于以上三种情形，且不存在违反有关政治纪律、廉洁纪律，未造成重大安全责任事故、严重环境污染、重大群体性事件、重大损失或恶劣影响的，经过调研论证，可实施容错纠错。

在实践中，可用"五看"标准来判定可容之错。容错是在纪律底线前的宽容，是对忠诚者的包容、是对改革者的保护、是对探索者的鼓励，绝不是投机取巧者的护身符，更不是违纪违法者的挡箭牌。在实行容错时，一定要准确把握好可容错误与违纪的界限，要辩证地分析干事创业中的失误和偏差，认真甄别、准确研判、妥善处置，实践中可用"五看"标准进行界定。"五看"包括以下内容：一看问题性质，是探索创新还是有令不行、有禁不止，分清是失误错误还是违纪违法；二看工作依据，是界限不明还是故意曲解、随意变通，分清是先行先试还是肆意妄为；三看主观动机，是出于公心还是假公济私、以权谋私，分清是无心之过还是明知故犯，是主动担当、开拓进取还是无视规律、急功近利；四看决策过程，是民主决策还是个人专断、一意孤行，分清是依规履职还是滥用权力；五看纠错态度，是及时补救还是消极应对、放任损失，分清是主动纠错还是坐视不管。确保精准识错，容错有因。

(二)科学合理设置容错纠错程序

1. 容错主体

容错主体一般是指依规依纪依法享有执纪执法权或享有组织人事处理职权的部门。纪检监察机关、组织部门是常见的两个容错主体。容错纠错制度不仅适用于党员领导,同样适用于非党员的公职人员。

2. 容错的程序

容错的程序主要包括调查、决策、反馈三个方面。审查调查中要坚持"三同步"原则:

(1)同步启动。问责机关启动相关调查或问责程序时,要客观全面、实事求是,统筹考虑、同步调查有无容错情形、是否具备容错条件,同步启动容错调查核实工作。同时,也可由当事人申请提出,相关单位或干部在因出现工作失误或错误受到相关调查或问责追责时,认为符合容错情形的,可向问责机关书面提出容错申请。

(2)同步核实。在案件审查调查或相关问责追责过程中,应当同步开展容错纠错可能性调查,既调查可以容错的情形,也要调查是否具有不予容错的情形,并认真听取被调查单位和相关干部的意见,认为符合容错情形的,应当在报告中同步提出容错建议。

(3)同步认定。在案件审理过程中,应根据事实、证据及相关规定,对相关审查调查报告中提出的容错纠错意见进行审理,并在审理报告中提出有关容错纠错的审理意见。

问责机关在实施审查调查的过程中,要广泛收集相关证据材料,积极听取当事人和所在单位解释说明、征求相关关联方意见,对确实存在容错事实的,应当主动为被调查人员进行容错申请。对于意见不统一或者较为复杂的,可征求上级有关单位的意见,或者邀请相关专家、党风政风监督员等共同商议,必要时可将容错纠错处置意见在一定范围内公示,听取公众意见。

3. 错误认定

问责机关按照干部管理权限进行调查审查，并依据审查调查情况提出初办意见。确认存在容错事实的，应当形成书面报告，提交本机关会议集体研究，形成容错认定结论。情况复杂、影响较大、社会关注度较高的，先由问责机关认定，再报上级党委(党组)审批。干部管理权限不同需构建不同的容错审核机制：

(1)被容错对象为厅级省管干部的，应将有关情况报省级党委、纪委监委；

(2)被容错对象为处级市管干部的，应将有关情况报市级党委、纪委监委；

(3)被容错对象为科级及以下级别的园区管理干部的，由园区纪工委(监察室)按照承办处室报分管领导—报主要领导—集体研究—作出决定的流程作出处理。

4. 及时反馈确保干部权利

容错纠错认定结论作出后，应当在规定的时间内及时反馈给当事人。当事人对认定结论有异议的，可以提出申诉，问责机关另行组成核查组进行复核，并按原认定程序进行认定，实践中一般应在10个工作日内反馈申诉结果。

(1)容错决定应以书面反馈。对被容错对象而言，书面反馈较口头反馈更加正式、严谨，说千遍万遍不如白纸黑字来得踏实，有利于帮助其放下思想包袱，再次轻装上阵；对问责机关而言，书面反馈有迹可循，便于案卷归档和查询。

(2)将容错决定送到当事人及其所在部门(单位)，并抄送组织人事部门。一方面，根据《中国共产党纪律检查机关监督执纪工作规则》，处分决定作出后应当通知受处分党员所在党委(党组)，抄送同级党委组织部门。容错决定作为处分决定的一部分，应当按此规定执行；另一方面，将容错决定通知其所在部门(单位)，抄送组织人事部门，有利于后续的干部回访等工作。

（3）强化容错宣传引导。容错决定除了反馈给被容错对象，在征得被容错对象同意的前提下，也可在一定范围内予以宣传，向广大干部传递"为担当者担当负责，让想为者敢为有为"的正面思想，形成鼓励探索创新、奋勇创先争优的鲜明导向。

（三）容纠并重，二者不可偏废

问责机关在作出容错决定的同时，应当一并对当事人提出纠偏纠错要求，责成有关人员限期进行纠偏纠错。根据中办印发的《关于进一步激励广大干部新时代新担当新作为的意见》，要坚持有错必纠、有过必改，对苗头性、倾向性问题早发现早纠正，对失误错误及时采取补救措施，帮助干部吸取教训、改进提高，让他们放下包袱、轻装上阵。如果只讲容错，不讲纠错，以至于知错不改，就会变容错为纵错，"纠错"与"容错"并行不悖、缺一不可。在纠错过程中，应当注意以下几点：

1. 正确把握好应纠之错

容的"错"与纠的"错"可能不统一。一般来说，容错主要是对行为人所犯的错误本身予以包容，纠错则可以是对错误想法、错误执行和错误结果的纠正。例如，为了解决某些特殊问题而突破常规，出现了一定偏差、造成了一般损失。在这种情况中，需要被容的错误是突破常规，需要纠正的错误则既包括突破常规，也包括突破常规所造成的一定偏差或一般损失。

2. 纠偏纠错应当及时

对于被容之错，只要是错且可纠，就应当及时纠正。当偏差、失误初见端倪时，纠错就当"该出手时就出手"，绝不能让小问题积累成大错误，更不能让个别的局部的小差错，蔓延成全局性、系统性的风险。

3. 增强防错意识

在纠错过程中，还要不断增强防错意识。容错纠错机制既要让大家明白哪些错可"容"，也要让大家意识到哪些错得"防"，在充分调动广大干部干事创业积极性的同时，还要不断培养广大干部的防错意识，引导广大干部在守住纪律底线的前提下，放开手脚、甩开膀子、轻装上阵、奋勇前行。对苗头性、倾向性问题，要及时发现、及时防止、及时纠正，做到抓早抓小，防止小问题演变成大错误。

(四)加强对容错权力的监督

脱离监督的权力容易产生腐败，容错权也一样。加强对容错权力运行的监督，构建容错过程中的监督机制，有利于确保容错纠错精准、真实、有效，真正起到为干部撑腰鼓劲的正向激励作用。

1. 加强上级对下级的监督

上级纪检监察机关应当定期对下级纪检机关的容错纠错工作开展监督检查。在实施容错纠错的过程中，存在以下情况的，应当依法依纪追究相关人员的责任。

(1)隐瞒事实，纵容包庇，对不符合容错情形，认定其可以容错的；

(2)弄虚作假，捏造事实证据，对不应认定容错而予以认定的；

(3)调查组成员存在可能影响容错纠错客观公正进程情形，应当回避而未主动申请回避的；

(4)在认定容错的同时，不提出纠偏纠错要求的；

(5)在办理容错纠错案件过程中，有不廉洁行为的；

(6)其他滥用容错纠错权的。

2. 建立健全容错机关的内控制度

拥有容错职权的机关，一方面，应当明确内部组织架构、内部分工、运行机制和工作流程，在内部各部门之间形成监督闭环，形成相互协调和相互制约的工作格局，切实推动内部监督落地落实；另一方面，应当对容错的各个环节作出具体规定，确保每一个环节都有审批、有着落、有反馈、有监督、有留痕。

3.接受社会监督

是否"容"得规范、"容"得合理,不妨交给社会公众来评判。例如,聘请各行各业的专家作为党风政风监督员,参与到容错纠错的审核中来;将有关容错的事实在允许范围内予以公示,听取群众的反映意见。通过把容错的监督权、考评权、反馈权和纠偏权部分让渡给社会公众,使公众在公正、公平、公开的前提下,能对容错行为进行适当监督、合理质疑、多渠道反馈并迅速纠偏,确保容错纠错机制健康运行。

四、总结

构建容错机制是全面深化改革情势下历史发展的必然,虽然一些国家级新区已经对建立容错纠错制度进行了有益的探索,但要真正构建科学有效的容错纠错制度,还有很长的路要走。如何准确定义"错"的概念和范围、构建科学的容错纠错程序、加强对容错权力的监督等一系列问题,还需要进一步研究与思考。只有有效解决有关理论和实践的问题,构建一套可操作、可比照、可量化的长效机制,才可以使容错纠错制度真正落地见效,切实发挥既能惩戒错误,又能为开拓创新、敢于担当的干部撑腰鼓劲的激励作用。

对健全完善国家级新区容错纠错机制
激励干部担当作为的思考

郭煜华　徐文文　张远灿　方　杰①

摘要: 容错纠错机制是新时代鼓励干部干事创业的"助推器"和"减压阀"。国家级新区是改革创新的"试验田",尤为需要大力营造敢于先行先试、支持探索创新、宽容改革失误的浓厚氛围。本文以南京江北新区为例,在对其容错纠错机制探索实践进行经验总结、问题分析的基础上,参考借鉴有关地区的经验做法,提出了进一步健全完善国家级新区容错纠错机制激励干部担当作为的意见建议,以期为有关方面开展容错纠错机制研究和建立健全符合国家级新区实际的容错纠错制度规范提供理论参考。

关键词: 国家级新区　改革创新　容错纠错　担当作为

---

①　**作者信息:** 郭煜华、徐文文、张远灿、方杰,南京江北新区纪工委监察工委理论研究课题组成员

人非圣贤，孰能无过？马克思主义认为，事物的发展不是一帆风顺的，而是在曲折中前进的，由于人们的能力素质有局限性，把握事物本质、认识事物规律的过程中总会出现偏差和失误。习近平总书记曾经说过："改革是一项极其复杂的群众性探索，创新事业由于没有现成的模式、缺乏经验，出现一些问题是很自然的。"因此，党员、干部在推进改革发展稳定各项事业中，难免会因为认知有限、经验不足、制度缺失等而走一些弯路甚至造成一定损失。这个时候如果一味对其求全责备，难免会挫伤其干事创业的积极性和创造性。把容错纠错机制建立好、运用好，便是解决这一问题的有效途径。

一、国家级新区建立容错纠错机制的重要意义

《国务院办公厅关于支持国家级新区深化改革创新加快推动高质量发展的指导意见》(国办发〔2019〕58号)指出，各新区要建立健全激励机制和容错纠错机制，培养担当敬业、干事创新的干部队伍。国家级新区是承担国家重大发展和改革开放战略任务的综合功能区，无论是贯彻中央精神所要、自身发展所需，还是干部群众所盼，都需要建立健全臻于完善的容错纠错价值导向和制度环境。

(一)是新时代全面从严治党的内涵深化

全面从严治党是党的十八大以来的鲜明主题。在以习近平同志为核心的党中央坚强领导下，正风肃纪驰而不息、反腐惩恶高压震慑，党风政风为之一新、党心民心为之一振。但同时也应该看到，随着全面从严治党不断向纵深发展，各种监督措施越来越严，问责"利剑"始终高悬，在个别党员干部中产生了因为监督严格和条条框框限制而出现不作为、慢作为、不担当等现象。为解决这一问题，从党的十八届六中全会首提"建立容错纠错机制，宽容干部在工作中特别是改革创新中的失误"到党的十九大报告强调"建立激励机制和容错纠错机制，旗帜鲜明为那些敢于担当、踏实做事、

不谋私利的干部撑腰鼓劲"，再到中办印发《关于进一步激励广大干部新时代新担当新作为的意见》，体现了全面从严治党的与时俱进，制度建设的科学规范，也表明了容错纠错机制的建立，是全面从严治党的内涵深化和应有之义，适当其时、势在必行。

(二)是构建良好创业创新生态的务实举措

在推进新时代改革发展事业的进程中，我们会遇到不少"拦路虎"，要啃不少"硬骨头"，如果没有良好的创业创新生态作为支撑，任由一些党员干部"不求有功，但求无过"的心态蔓延滋生，"观望多顾虑重、实干少动力弱"的行为互相传染，必然会贻误发展良机、延缓改革步伐。严管出凝聚力、向心力，厚爱出战斗力、生产力。建立容错纠错机制，就是以厚爱之举激发党员干部的改革创新活力和干事创业激情，打破"干得多、错得多、被问责多"的"洗碗效应"，营造一个正气能够得到弘扬、歪风邪气没有市场的良好政治生态，让尸位素餐者受到谴责，让干事创业者受到尊重，即使工作中出现失误，也应当得到理解和包容，防止出现"劣币驱逐良币"的逆淘汰现象。

(三)是国家级新区践行职责使命的重要保障

国家级新区既被赋予了打造具备辐射带动效应的不同功能区或发展平台的战略定位，例如，南京江北新区是"三区一平台"，湖南湘江新区是"三区一高地"，也在改革探索上被赋予了先行先试的"特权"，特别是类似南京江北新区和中国(江苏)自由贸易试验区南京片区"双区"叠加的国家级新区，要成为区域发展的创新策源地、经济增长极、改革领头羊，就要在科技创新、产城融合、开发开放等方面摸着石头过河、走他人没走过的路。但发展的道路不可能一帆风顺，改革的过程就是试错的过程，创新总会打破常规，这就需要容错纠错机制作为保障，用健全的制度机制激励大家放下思想包袱、突破思维束缚，在体制机制的改革创新上试一试、闯一闯，围绕发力"双循环"、打赢"收官战"、夺取"双胜利"、实现"高质量"形成可供推广的实践经验，用改革创新的成果践行好国家赋予的发展使命。

二、南京江北新区实践容错纠错机制的有益尝试

党中央出台《关于进一步激励广大干部新时代新担当新作为的实施意见》以来，南京江北新区认真学习文件精神，贯彻落实省市部署要求，在促进干部担当作为、营造良好政治生态方面积极探索，牢牢把握"三个区分开来"，贯通运用"四种形态"，既坚持"严"的主基调，责必责之过错，又营造"宽"的软环境，容可容之失误，推动广大干部在守住底线的同时，放开手脚干事创业。具体做法是：

(一)思想上高度重视，构建责任落实体系

每年将容错纠错机制落实情况纳入新区党工委对下级党组织的党建考核中，赋予相应分值，要求深化容错纠错机制运用，及时编发典型案例。把容错纠错作为问责机制的一种良性补充，明确由各级纪检监察机关牵头负责容错纠错工作，在启动问责调查的时候，同步考虑是否存在可以给予容错纠错的情形。新区纪检监察机关把容错纠错嵌入日常监督检查中，主动从线索查办和申诉受理两个方面排查可以适用的条件，支持承办部门敢于运用、大胆运用。做好容错"后半篇文章"，明确在作出处分决定的环节，旗帜鲜明地对容错对象的改革创新精神和敢于担当表现给予肯定，同时对给予容错的党员、干部开展回访教育，引导其吸取教训、重视自信，为其"卸包袱"。

(二)政策上积极支持，强化制度机制保障

对照省、市委"1+3"文件，制定鼓励激励、容错纠错、能上能下"三项机制"实施办法，旗帜鲜明地推进容错纠错机制。推行岗位聘任制，每两年对新区各部局和产业发展平台正职以下干部实施一轮公开竞聘；出台《江

北新区管委会机关员额人员退出岗位聘用制管理暂行办法》，明确6种退出情形及每个单位退出比例，通过创新机制为想干敢干能干的人搭建舞台，制定可行的激励奖惩措施为改革创新者撑腰鼓劲。出台失实检举控告澄清工作暂行办法，通过当面告知、书面函达、会议宣布等方式进行澄清正名，切实保护党员、干部干事创业的积极性。

（三）实践上把握原则，务求精准规范稳慎

坚持从以人为本、保护干部的角度出发，在线索处置和问题调查过程中，注重听取被调查人的诉求和所在党组织的意见，注重了解被调查人的一贯表现，注重收集干部群众对被调查人的口碑评价，正确看待和评价干部在干事创业中的失误错误。对可适用容错纠错的案件，从动机态度、客观条件、程序方法、性质程度、后果影响以及挽回损失等方面，对失职失责行为进行综合分析，精准作出处置。坚持规范稳妥审慎原则，但凡启动容错纠错机制，必须经过集体会商、民主决策，由纪工委监察工委会议审议通过。对于复杂案件，在承办部门集体研判的基础上，必要时由党风、案管、审理等部门共同会商。

（四）宣传上案例引路，营造良好舆论环境

树立"案例"思维，注重发挥典型案例在容错纠错机制运用中的总结作用、指导作用和宣传作用。在具体操作实践中，南京江北新区总结提炼了三种典型的容错类型：

1. 客观推进确有困难出现失职但是积极作为且群众认可的

面对突如其来的新型冠状病毒肺炎疫情，街道、社区处在防控一线，事务繁杂、任务艰巨，且无经验可循，工作中难免会出现不到位的情况。比如，在疫情防控的关键时期，督查发现大厂街道一社区辖区内出现居民聚集打牌的情况，加大了疫情传播的风险。纪检监察机关在对社区书记李某履职不力问题进行调查时了解到，李某在发现居民聚集打牌后能够主动担责，及时前往现场劝阻，虽在前期未取得明显效果，但后期通过积极的群众思想工作，未再发生群众聚集打牌情况。考虑到疫情防控特殊时期，社区工作虽在一定程度上存在管控措施不周密的情况，但后续落实了应对方案，且李某主观上积极努力，没有怠工推诿或者谋取私利等行为，群众对李某的一贯表现也是非常认可的，大厂街道纪工委最终决定给予李某批评教育处理，帮其卸下"思想包袱"，让其"轻装上阵"。

2. 为破解发展难题走了"弯路"但是主动担当、及时补救的

作为国家和省市重大战略的承载地，近年来江北新区相继开展了一批重大工程项目建设，许多项目不仅在土地、规划、拆迁等要素保障上存在客观困难，而且涉及环保、安全、水利等方面的专业技术要求，一些干部由于缺乏经验和专业知识，在项目推进上走了一些"弯路"。比如，新区公建中心招标采购处处长沈某、综合计划处处长周某2名同志在长江岸线保护提升工程项目中，为打开工作局面、加快项目建设，创新思路为项目开工创造条件。但由于个人知识阅历和岗位经验受限，未能充分考虑该项目涉及长江1级堤防水利工程的特殊要求，致使中标单位业绩资质不能满足水利工程管理规定，造成招标工作一度中止和几万元的招投标经济损失。调查组在认真学习招投标及项目管理相关业务知识、详细调查招标流程、组织有关人员座谈的基础上，对当事人的履职取向进行集体研判认为，该项目客观上时间紧、任务重，在推进上确有困难，当事人一心为公、敢于担当，在发现招标文件存在问题后主动纠错，迅速终止招标，及时采取补救措施，最终决定给予2名同志提醒谈话处理。

3. 敢于决策化解矛盾纠纷无意造成损失但是为大局着想且经集体协商的

基层工作千头万绪，矛盾问题千差万别。在解决历史遗留问题、化解矛盾纠纷的过程中，一些干部往往因主动作为、尽职担当、敢于破题而造成一定负面影响和损失。例如，2017年，新区某园区下属单位因食堂经营权纠纷问题遭到承包方霸占食堂、阻止员工用餐持续数月，分管食堂的园区管办副主任刘某为保障400多名员工正常就餐，召开集体会议商定以调解

的形式与承包方解除合同并支付违约金。后承包方因涉黑问题被依法查处，法院认为当初的调解协议存在胁迫情形，园区管办支付的超出违约金范畴的款项客观上造成了国有资产流失。在对此事进行问责调查的过程中，调查组认为，刘某站在园区发展大局，敢于担当、敢于决策，其主观目的是保障园区办公秩序的正常运行，没有为个人、他人或单位谋取私利，符合容错范围和情形，最终给予其批评教育处理。

三、南京江北新区容错纠错机制建设运用中的问题分析

实事求是地说，南京江北新区在容错纠错机制的建设和运用上做了一些探索，积累了一些经验，但从制度完善、程序规范、实践效果、群众反响等方面来看，还存在一些问题和不足。

(一)思想认识不高"任性容"

少数党组织或纪检监察部门对容错纠错的内涵领会不到位，偷换容错概念，主观认为容错就是宽容党员干部的过失行为、初犯行为甚至是违纪行为，因而在适用容错机制上比较随意，习惯把容错当成一个筐，什么"错"都往里装。明明是三令五申不能做的事、反复强调的纪律规矩、持续整治的突出问题，本应给予严厉惩处，却不敢动真碰硬，不愿亮剑斗争，实际上是"老好人"的心理作祟，拿容错当"保护伞"，打着保护干部的旗子搞"纪律松绑"。

(二)辨错能力不强"不敢容"

当前，各级各地都没有出台政策对失误、错误、违纪的边界作出明确划分，加之个人主观情感的影响和各地实际情况的不同，在失误、错误、违纪的认定上会有较大的自由裁量空间。基于稳妥审慎的原则，容错纠错的执行主体往往担心对"错"的认定产生偏差，对"所谓的过失"把握不准，害怕作出不公正认定甚至错误认定，而发生失察失职行为并因此而承担舆论乃

至纪律、法律上的风险，会在趋利避害的心理影响下"不敢容"，宁愿严厉问责，也不愿容错担责。

(三) 制度配套不全"不会容"

虽然出台了《江北新区进一步健全干事创业容错纠错机制的实施办法》，但主要在宏观层面对适用范围、政策界限、认定流程、配套机制、组织领导等做了政治性、原则性要求，比较笼统粗放，缺乏操作层面的制度配套，特别是没有明确"可以容"的具体情形、"不能容"的边界范围、"怎么容"的程序规范。从当前适用容错机制的一些案例来看，这些案例也基本上没有经过相关主体的申请、受理、调查、反馈等过程，主要是依据纪检监察机关集体会商而作出认定，并不能称为严格意义上的容错纠错，只是纪检监察机关给予的一种减轻或免予处分。

(四) 舆论氛围不浓"容不好"

由于容错纠错机制尚不成熟，党内法规制度也没有明确具体的认定情形，因而一些地方对已经给予容错的案例"犹抱琵琶半遮面"，不愿进行过多的宣传和公开报道，导致党员干部、群众对容错纠错的知晓度不高，容错的典型引领、示范带动作用不够明显。此外，部分党员干部对容错纠错的期望值较高，而问责泛化、简单化、随意化问题时有发生，"顶包式""应景式""凑数式"问责也屡屡出现，在一定程度上影响了党员、干部对容错纠错机制能否正确执行的信心。

四、健全完善国家级新区容错纠错机制的对策建议

容错纠错机制的建立和完善，必须始终坚持以习近平新时代中国特色社会主义思想为指导，把贯彻中央精神与本地实际结合起来，强化顶层设计，抓好制度完善，推动形成规范，让容错纠错机制落到实处、用在经常，营造良好社会舆论环境和创业创新生态。

总的来说，要严格按照"三个区分开来"的要求，把握四个基本原则：一是树立支持"干"的导向。建立容错纠错机制的初衷，是医治部分党员干部"担心干得多错得多，索性少干、慢干或不干"的"心病"，而不是宽容违纪违法行为、纵容为官不为现象。要树立旗帜鲜明地支持和鼓励党员干部改革创新的导向，给那些作风正派、锐意进取的干部吃下一颗"定心丸"，引导更多的干部成为改革派、实干家。二是始终保持"严"的主基调。容错不是鼓励试错，不能把"容错牌"变成"挡箭牌"，对有令不行、有禁不止、不讲规矩不重规则，甚至突破纪律底线的行为，坚决不能宽容、包容甚至纵容。要一以贯之坚持执纪从严，高举"问责鞭"、亮出"警示牌"、拉响"警报器"，对苗头性、倾向性问题早发现、早纠正，严把容错政策关、程序关、纪法适用关，在严管中彰显厚爱。三是准确把握"错"的内涵，容错先识错。"失误"不同于"错误"，可以容的"错"，是一种在贯彻落实中央决策部署过程中出现的"探索性工作失误"，而不是偏离中央决策部署擅作主张或者违规违纪违法的"乱作为性错误"。"错"的表现是多种多样的，要善于用历史的、发展的、全面的、辩证的眼光看问题，对发展中出现的新生事物不轻易下结论、贴标签，对探索中出现的问题不求全责备、简单"扣帽子"，但绝不让容错纠错机制为"对党的事业不负责、对人民福祉不重视"的行为"买单"，真正做到不乱容、不错容，真容错、容真错。四是科学划定"容"的界限。容错是有前提和底线的，必须在纪律法律框架内进行容错。要把适用容错纠错机制与违纪违法行为区分开来，划定可容的"边线"和坚决不容的"底线"，仔细判别有禁与无禁、为公与为私、有意与无意、集体决策与独断专行、轻微影响与严重危害等，明确一个可以试错的空间。例如，对于在落实"六稳"、"六保"、重大工程项目建设、破解发展要素保障瓶颈、做大做强主导产业、优化营商便民服务环境、化解复杂矛盾纠纷、解决历史遗留问题等重要工作中，因大胆探索、大胆履职、大力推进而出现一定失误或偏差，或未达到预期效果，或造成一定损失和不良影响等情况，应在实事求是、依规依纪依法的前提下大胆进行容错。但对超越容错界限甚至是违规违纪违法的错误行为，尤其是在重大政治纪律和组织原则面前，对推进"三大攻坚战"、扫黑除恶专项斗争、安全生产专项整治、抗疫防汛等党中央重大决策部署和落实安全、环保、管党治党等领域政治责任中不担当、不作为甚至乱作为的，坚决不予容错免责。

具体来讲，可以围绕以下四个方面努力：

（一）细化容错办法，让容错更加科学

在把握总体要求和基本原则的前提下，结合新区实际，制订具体细化的容错正面清单和不予容错负面清单，正确识错辨错，并根据政策和形势变化及时更新调整容错纠错情形，确保容错更具针对性。围绕申请、核实、会商、认定、反馈等程序、步骤和环节，明确容错纠错的具体操作细则、绘制工作流程图，推动容错更加规范。建立纪检监察机关和组织部门定期沟通会商机制，引入专家学者、法律人士等第三方参与，对可能符合容错纠错情形的案例进行综合分析、共同商定。探索建立容错纠错廉政风险事项备案制度，提前评估可能出现的"错误"及其损失、影响等，及时预警、帮助纠偏，将改革创新的损失控制在一定的范围，实现风险可控。

（二）坚持容纠并举，让容错更有力度

再小的错误"屡教不改"、同样的错误"一犯再犯"也是不能容忍的。只有敢于容错又积极纠错，才能发挥预期作用，引导干部既勇于担当、大胆创新，又注意改正错误、少走弯路。要坚持有错必纠、有过必改，对失职失责单位及个人进行容错的同时及时督促纠错，明确党委（党组）履行纠错主体责任，纪检监察机关、党委组织部门履行纠错监督责任，采取纪律检查建议书或监察建议书、约谈提醒、诫勉谈话、责令纠正或补救等方式，帮助干部吸取教训、总结经验，剖析原因、解决问题，促进工作向有利方向发展。

（三）强化结果运用，让容错更具温度

做好容错纠错"后半篇文章"，经认定予以容错免责的党员、干部，要在适当范围公开说明，在领导班子和领导干部年度综合考核评价中减轻或免予评定考核等次影响，在年终目标绩效管理考核中减少或免予降低等次，在落实党风廉政建设责任制考核中免予扣分，不影响其评先评优、提拔任用、职级晋升。同时，对予以容错免责的党员、干部实行期限一年的跟踪管理，由所在部门每半年进行一次谈心谈话，让他们感受组织关怀，引导帮助其放下思想包袱，对其一往情深关心、一如既往信任、一视同仁使用。

（四）加强舆论引导，让容错更聚人心

统筹运用多种媒体资源，注重发挥廉政宣讲团作用，加强对容错纠错和澄清正名制度的宣传，提高干部群众对如何容、如何纠，哪些可以容、哪些可以纠以及谁来澄清、如何正名等事项的知晓度和参与度。坚持典型引路，发挥典型案例的正面引导和反面警示作用，让案例说话、让数据说话，教育引导更多的干部知道哪些行为值得褒扬、哪些错误能够宽容，哪些是底线、是高压线，绝对不能触碰。借助建设优秀人才智库契机，探索组建特约监察员、廉情观察员队伍，搭好多方参与容错纠错和澄清正名的监督平台，积极推动参与者主动发现问题、提供政策依据、参加容错会商和澄清正名。

参考文献

[1]蔡新燕.落实容错纠错机制要避免三个"不平衡"问题[J].群众,2018,592(18)：57-58.

[2]佚名.首提"容错纠错"：中共全面从严治党下的"宽"[J].对外传播,2016(2)：60.

[3]郑海滨.关于健全完善容错纠错机制的思考[J].北京石油管理干部学院学报,2019,026(006)：53-55.

[4]刘阿娜.建立完善的容错纠错机制路径分析[J].中共太原市委党校学报,2018,190(05):38-40.

[5]乐兵.莫把"容错"用错了地方[N].湖南日报,2018-07-18(3).

[6]大理州纪委监委.容错纠错要体现在六个方面[EB/OL].(2020-01-15).http://www.dljjjc.gov.cn/html/qfy/qfsp/26907.html.

[7]何丽君.基层干部容错纠错的价值意义及其实践路径[J].治理研究,2019,035(004):82-87.

[8]人民论坛编辑部.党员干部眼中的容错纠错机制[J].人民论坛,2017(026):48-49.

[9]许欢科,滕俊磊.乡村振兴中健全基层容错纠错机制的现实难点与路径选择[J].长春理工大学学报(社会科学版),2020,33(2).

[10]黄其连,刘新玲."中庸之道"与容错纠错机制探析[J].学理论,2019(008):44-45.

国家级新区容错纠错机制建设何以推进
——基于 5 个国家级新区的考察

周付军　王　晟[①]

摘要：在中央大力推进容错纠错的背景下，国家级新区容错纠错机制建设备受瞩目。从外部动力和内部动力两个视角对国家级新区容错纠错建设动力机制展开分析发现：高压问责催生新区容错纠错机制建设需求，在高位政治势能和同行竞争压力推动下，新区容错纠错机制合法性问题得以消解，为容错纠错嵌入制度体系奠定了合法性基础。同时，容错纠错机制对新区官员具有的晋升激励效应和新区实践发展需求构成了新区建设容错纠错的内在动力。为确保机制运行，新区干部积极利用高位势能和财政权限优势主动吸纳和整合体制内资源为制度效能显现提供有力资源保障，消除了容错纠错有效性的疑虑。本研究将容错纠错研究扩展至国家级新区领域，在丰富既有容错纠错理论研究基础上，提供了观察新区制度建设动力的新视角。

关键词：容错纠错　动力机制　合法性　有效性

---

① **作者简介：**周付军，中南大学公共管理学院博士研究生，研究方向为政府管理与改革、公共政策；王晟，中南大学公共管理学院研究生。

基金项目：中南大学中央高校基本科研业务费专项资金资助项目（2019zzts375）

一、问题的提出

国家级新区作为国家全方位扩大对外开放、创新体制机制、辐射带动区域发展和产城融合发展的综合功能区，扮演着带动区域创新发展、优化区域产业布局和提升区域经济发展质量的重要角色。为充分发挥国家级新区经济发展龙头作用，保障新区始终走在改革创新最前沿，国家层面赋予了国家级新区改革创新、先行先试的极大自主权。与传统经济功能区相比，国家级新区更加突出改革创新、积极开拓的发展导向。国家级新区所承载的特殊发展使命和被赋予的极高期望意味着国家级新区领导干部需要在实践工作中更多地打破传统经济发展的惯性思维或某些制度限制，甚至需要在实际工作中主动进行创新性的尝试和探索。在高压问责态势下，新区领导干部打破禁锢、敢为人先和改革创新的行为举动也意味着需要承担更高的问责风险。倘若缺乏必要保障和包容领导干部改革失误的制度性设计，必定会极大地限制新区领导干部干事创业、改革创新的主动性，从而偏离新区发展的初衷。

在此背景下，2016 年，习近平总书记在省部级领导干部学习贯彻党的十八届五中全会精神专题研讨班讲话中指出要"把干部在推进改革中因缺乏经验、先行先试出现的失误和错误，同明知故犯的违纪违法行为区分开来；把上级尚无明确限制的探索性试验中的失误和错误，同上级明令禁止后依然我行我素的违纪违法行为区分开来；把为推动发展的无意过失，同为谋取私利的违纪违法行为区分开来"[1]，对包容领导干部特殊失误提出指导性意见，奠定了容错纠错制度建设的基本原则和价值导向。2018 年，为贯彻落实习近平总书记"三个区分开来"思想和进一步激励广大领导干部积极干事创业、激发其敢担当敢作为的主动性和积极性，中共中央办公厅颁布《关于进一步激励广大干部新时代新担当新作为的意见》（简称《意见》），明确指出要建立健全激励机制和容错纠错机制，宽容干部在工作中特别是改革创新中的失误错误，旗帜鲜明为敢于担当的干部撑腰鼓劲。

"三个区分开来"和《意见》恰如其分地迎合了国家级新区领导干部的需求，为国家级新区探索领导干部容错纠错机制建设提供了顶层支持和方向指引。在此背景下，国家级新区逐渐开始了容错纠错机制建设的探索。由于一项制度机制建设推进必然同时受到多重因素的影响和促进，只有厘清多重制度建设动力因素才能够更好地推动制度建设完善。因此，对国家级新区容错纠错机制建设动力因素展开分析，将能够为国家级新区完善优化容错纠错机制提供必要支持和帮助。基于此，本团队于 2020 年 7 月至 8 月分赴天津滨海新区、湖南湘江新区等 14 个国家级新区展开实地调研工作，获得大量一手数据和资料，为分析和呈现国家级新区容错纠错机制建设动力奠定坚实的基础。

二、文献综述与分析框架

(一) 文献述评

容错纠错研究。自 2016 年习近平总书记提出"三个区分开来"指导思想后，容错纠错被广泛应用于政治学、行政学、管理学甚至是法学领域，相关研究可集中概括为五个方面的内容：一是容错纠错机制建设动力。学者认为推动容错纠错机制建设是对高压问责和为官不为问题的回应，目的在于鼓励广大干部主动担当、敢于创新。同时，也是建设责任政府、回应深化改革难题和改革创新的应有之义[2]。二是容错纠错机制建设理论依据。学者认为容错纠错是根植于理性认知的局限、权责一致的法治理念和允许试错的改革逻辑之上的，是马克思主义认识论和实践论在干部管理领域运用的具体体现[3]。三是容错纠错机制内涵分析。首先是对"错"的界定及其适用情形展开研究，大多数学者将习近平总书记的"三个区分开来"作为界定"错"的基本指导原则加以使用，同时认为只有那些在改革创新中出现的非主观性和不触犯法律底线的"错"才是可容可纠的。其次是容错纠错功能定位，即容错纠错到底解决什么问题。学者认为容错纠错是对刚性问责制度的补充，旨在减少干部干事创业顾虑心理和激发创新改革的热情[4]。四是容错纠错机制作用。学者指出容错纠错具有预估潜在风险、拓展弹性空间和营造宽容为政环境等积极作用[5]，有助于形成大胆改革创新、善于改革创新的良好风尚[6]。五是容错纠错机制完善策略。学者从思想认识、政策文本、机制运行和系统构建指出容错纠错机制存在的不足[7]。在此基础上，学者普遍认为完善和健全容错纠错机制建设的重点在于澄清思想误区、精准界定"错"的边界和适用范围、完善和优化容错纠错程序机制和构建完善容错纠错配套保障机制等。[8]

国家级新区容错纠错。国家级新区作为承担国家重大战略和改革开放任务的综合性功能区，被赋予了相当程度的先行先试权，允许其在改革创新中运用先行先试权创新发展模式。然而，中央层面在赋予国家级新区先行先试权的同时，并未设计与之相配套的容错纠错保障机制。这使得大部分国家级新区领导干部在实际开展工作过程中普遍奉行"少做少错、不做不错"的自保原则，缺乏动力去进行改革性举措探索[9]，从而使得先行先试优势难以得到充分发挥。这种情况也使得当前关于国家级新区容错纠错机制的研究大多数与国家级新区先行先试权力的论述相关联。有学者认为要充分发挥新区先行先试优势，中央政府和地方政府应着力构建改革容错机制，鼓励地方政府大胆试、大胆闯，避免让先行先试者承担"试错"成本。也有学者指出创新发展容错纠错机制有助于形成中央政府顶层制度设计和地方政府先行先试的央地良性互动机制[10]，从而促进加快国家级新区改革创新发展。

总体而言，既有研究基本涵盖了容错纠错的各个方面，从多层面、多角度对容错纠错机制进行了深入探讨，对推进容错纠错机制建设完善做出了极其重要的理论贡献。但同时也应当注意到，既有容错纠错机制研究虽十分丰富却大多数局限于理论层面的分析和探究，主要从理论视角对机制各个层面展开合理性论述。这就意味着容错纠错机制研究还欠缺实践层面的审视和探究，亟待从实践角度出发补充容错纠错机制研究，既是为了检验理论研究成果，也是为容错纠错机制完善提供新的经验知识。此外，国家级新区作为国家推进改革开放的先行者和创新者，单纯赋予其先行先试权力并不足以激励新区干部干事创业，还需要为其大胆创新、探索试错设计相应的容错保障机制。从既有关于国家级新区容错纠错研究看，一方面直接以国家级新区容错纠错机制为对象的研究尚且十分匮乏，并且缺乏对国家级新区容错纠错机制建设动力的深入描述，展现出国家级新区容错纠错机制理论研究的不足。另一方面，既有国家级新区容错纠错研究大多基于对先行先试权的论述，但这并非推动国家级新区容错纠错机制建设的唯一动力。为此，本文以国家级新区容错纠错机制为研究对象，试图从实践角度深入描绘国家级新区推进容错纠错机制建设的动力机制，以期能够从实践的角度丰富容错纠错研究，同时回应国家级新区容错纠错建设的需求。

(二) 分析框架

伴随着外部环境不确定性和内部治理需求多元化趋势的发展，组织行为在很大程度上受限于组织所处外部环境和内部情况的双重约束，也即组织行为是由外部环境因素和内部需求因素共同作用的结果输出。由此，诸多学者在分析和探析某项行动或制度运行动力机制时，大多数从内部动力和外部动力视角展开分析[11][12][13]，并指出只有依赖于外部动力和内部动力的有机耦合才能够实现制度运行合法性与有效性的统一，从而推动制度运行走向常态化和高效化。在既有研究中，大部分学者认为高层认可[14]、政策支持[15]、高压反腐[16][17]、竞争压力[18]、现实困境[19]和制度环境[20]是推动和影响制度运行的主要外部动力因素，是奠定制度运行合法性和价值认知的关键。而组织治理需求[21]、利益驱动[22]、行为激励[23][24][25]、资源禀赋[26]等则构成影响组织制度推进积极性和主动性的关键内生决定因素。国家级新区作为承载重大发展战略和深化改革开放的综合性功能区，实际上是兼具多重色彩的正式组织。国家级新区建设和推动容错纠错机制必定也是多动力因素共同作用的结果。因此，为深度描绘和清晰呈现国家级新区容错纠错机制建设的动力机制，本研究在借鉴既有研究成果基础上，结合实践调研结果，从外部动力和内部动力双重视角搭建国家级新区容错纠错机制动力结构分析框架(图1)，以期能够为推动国家级新区容错纠错机制建设完善和高效运行，从而鼓励广大干部积极干事创业、主动担当作为提供可能的理论支持。

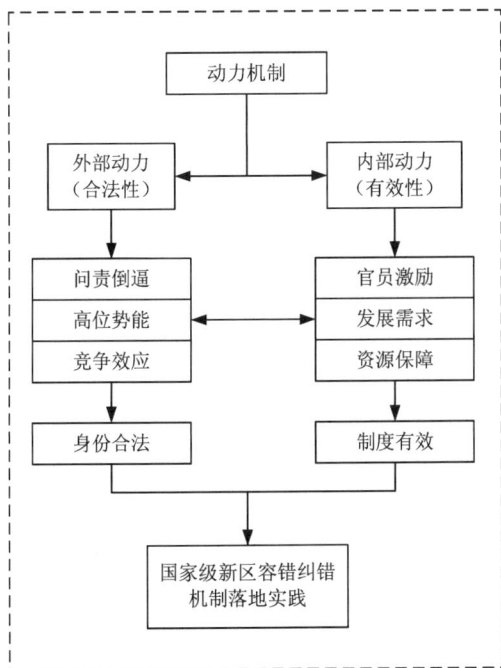

图1　分析框架

　　本研究将在分析框架指导下采取多案例研究方法来分析和呈现国家级新区容错纠错机制建设运行的动力机制。采取多案例研究方法主要出于以下几方面的考虑：一是影响国家级新区容错纠错机制建设的动力因素必定是多元多样的，单一案例分析虽然能够对某几个因素进行深挖，但无法精准而全面地呈现国家级新区容错纠错机制建设的动力系统全貌。二是多案例研究具有单案例分析无法比拟的效度，能够确保研究结果更具普适性和推广性，以为国家级新区持续建设和推进容错纠错机制提供参考和支持。案例研究最为关键也是最为重要的就是资料的可及性与完整性，能够保障研究结果的可信度和科学性。本研究在实际调研和资料收集的过程中力求以一手数据资料为主，坚持多来源资源收集，以确保资料收集的全面性和真实性。

在案例对象选择上，为更好地契合研究问题和保障研究结果科学性与普适性，本研究通过以下原则筛选具体对象：一是选择实际开展容错纠错机制工作的国家级新区为主要研究对象，以保障研究案例的真实性和科学性。主要判断指标包含容错纠错制度体系基本健全、拥有多个容错纠错典型案例、出台专门性容错纠错制度规章等。二是资源可获得性和全面性，即以容错纠错组织机构设置、制度与政策文本、实地访谈资料与典型案例资料的可获得性与全面程度为判断标准，最终从 14 个国家级新区中筛选出5 个符合上述条件且具有代表性、典型性的国家级新区作为案例分析对象。

三、国家级新区容错纠错机制建设动力探析

任何制度的构建与实际运行都必然是在受到外部环境因素或环境压力的刺激下产生制度构建需求的。也即，制度需求是某项制度得以构建和持续运行的基本外部推力。但制度作为对行为具有规范和匡正作用的结构性安排，要真正发挥作用并对实际需求予以回应和满足，单靠制度需求是不够的。众所周知，制度作为正式结构性安排，必然需要解决两个方面的问题才能够为制度构建与落地运行提供保障。一方面，制度作为正式行政体制下的产物，所面临的首要问题就是制度本身合法性的问题。制度只有获得正式权威认可和确认才能够为制度推广和运行打下坚实的合法性基础，制度也才能顺利嵌入正式行政体系而成为其组成部分。另一方面，制度构建与运行是为了化解某些改革难题或困境的，是具有一定目标指向的产物。这就意味着制度还需要在合法性之外具备相当高程度的有效性，能够对解决实际问题有所裨益才能够得到切实的认可和执行。党的十八大以来，持

续性高压问责趋势下形成的严打环境使得多数国家级新区干部对问责反应过激而不敢作为，从而与国家级新区发展使命相背离，亟待借助制度设计来消解问责负效应，激发新区干部干事创业主动担当的勇气。可见，无论是制度本身，还是构建和执行制度的国家级新区，都有着推动容错纠错机制建设的强大制度实践动力，为容错纠错机制推进奠定了良好的动力基础。

(一)外部动力：化解制度合法性问题

1. 问责倒逼：高压问责与"为官不为"

自 2003 年拉开制度化问责序幕以来，问责的确在很大程度上提高了各级政府组织的工作效能，在行政意识层面初步形成了问责文化氛围，极大地转变了政府公务员在工作中不认真负责的思想和态度，也加强了公众对政府部门及其工作人员行为失当应被问责的预期[27]。制度成效显现也为各级政府加大官员问责力度提供了基本动力。特别是党的十八大以来，中央政府对领导干部的问责力度和强度有增无减，形成了前所未有的高压问责态势。然而，高压问责态势也使得以往习惯了"宽松软"的领导干部感慨"为官不易"，借口"守规矩"而不作为[28]，普遍出现"为官不为"问题。

国家级新区作为全面深化改革和将改革开放推向纵深的基本载体，被赋予了先行先试的权力。但在高压问责环境下，国家级新区干部出于维护自身利益和规避问责的考虑，先行先试权并未得到充分的落实和执行。对新区领导干部而言，任何先行先试行为都意味着需要打破现状，也就意味着高风险的存在。这也就使得新区干部在缺乏必要激励和保护新区干部干事创业政策的情况下，仍旧倾向于循规蹈矩以常规办法开展工作，同样出现不敢为、不愿为的为官不为问题。这就使得新区干部现实所为与新区使命相背离而难以对深化改革有所裨益。由此可见，在高压问责和新区特殊使命双重压力下，干部保障和激励机制已成为新区打破现状、实现创新发展的必要条件。

"最近几年在落实中央全面从严治党的要求。在建立不能腐、不敢腐、不想腐的三不机制的过程中，一部分(极个别)人会产生"干不如不干，不干不会出问题，干就有风险"的思想。而且在我国，犯错误之后不能功过相抵。所以国家新区要破除这一点，真正做到改革创新，容错纠错就非常重要。"(DZ-20200706-WXS)

"上面虽然给了我们先行先试权力，但在现在这种趋势(高压问责)下，从领导到基层员工都不太愿意多做创新。创新就避免不了出错，但上面又没有为这些工作提供一些保护。容错纠错是一个很好的想法，为激励干部提供了一个思路。"(XJ-20200804-GWH)

显而易见，国家级新区特殊发展使命所倡导的积极有为、主动担当与高压问责态势下新区干部不敢为、不愿为之间的矛盾与冲突，亟待新的制度安排来消解矛盾，在很大程度上催生了国家级新区对容错纠错机制建设的需求，成为推动国家级新区探索和推进容错纠错机制的重要外部推动力量。

2. 高位势能：领导重视和政策驱动

势能概念源自物理学领域，用于描述物体被举高或相对位置上升而具有的能量。物体的相对位置越高，其所具有的势能能量就越大。从行政结构和权力运行向度看，我国行政管理结构表现为等级特征明显的自上而下的特征。由此可知，在正式行政管理体系结构中，也存在政治或行政意义上的"势能"，其能量大小由事务重要性程度和关注事务的行动主体在层级结构所处的位置高低共同决定。"当特定的政治位阶、政治信号或政治表征进入公共政策时，能够很快为地方官员所察觉和识别，进而诱发或催化他们的政策变现过程，触发他们的政治意识，调动其积极性"[29]。但是，由于公共事务的多样性和复杂性特征，并不是所有公共事务都能够得到某个主体行动者的关注而具有相对的势能。换言之，某种事务要受到上级关注而产生政治意义上的势能，需要有特定的中介性联系点或激发点。这些激发点要么是与关注者的切身利益息息相关，要么是能够为关注者实现某种潜在追求提供帮助，又或者是能够化解关注者迫切需要解决的关键问题。换言之，政治意义上的势能会对某项制度或政策执行产生直接且明显的推动和促进作用。

> "现在新区大力推进容错纠错，除了满足新区发展需求外，更重要的是在落实习近平总书记和上级党委领导的指示。""新区为什么开展容错纠错，或者说容错纠错为什么能够在各地推行，大多都是为了落实习近平总书记'三个区分开来'的思想和贯彻上级建立容错纠错机制的要求。"（XJ-20200819-CT）

> "现在容错纠错主要是在落实上级指示，是领导重视的结果。"（ZS-20200716-GWH）

可见，高位势能在推动国家级新区容错纠错机制建设中起到了不可忽视的重要作用。具体而言，当前国家级新区推动容错纠错机制建设主要受两方面势能的推动，即领导重视和政策驱动。领导重视可分为中央和地方两个层面。中央层面，习近平总书记多次在不同场合强调"把干部在推进改革中因缺乏经验、先行先试出现的失误和错误，同明知故犯的违纪违法行为区分开来；把上级尚无明确限制的探索性试验中的失误和错误，同上级明令禁止后依然我行我素的违纪违法行为区分开来；把推动改革发展的无意过失，同为谋取私利的违法违纪行为区分开来"为国家级新区推进容错纠错机制建设提供了基本原则和顶层支持。地方层面，部分新区领导积极与当地高校开展合作，共同探索新区容错纠错机制建设和完善策略，极大地带动了新区容错纠错机制的建设和发展。

> "新区领导现在对这个（容错纠错）比较重视，希望能够在这方面做出成绩，甚至成为全国新区学习的标杆。"（XJ-20200803-CMY）

从政策驱动角度看，2016年《政府工作报告》指出"要健全激励机制和容错纠错机制，给改革创新者撑腰"；党的十八届六中全会更是将容错纠错机制写入修订后的《关于新形势下党内政治生活的若干准则》；2018年5月，中共中央办公厅印发《关于进一步激励广大干部新时代新担当新作为的意见》，明确要求各地各部门建立健全容错纠错机制。系列政策意见出台为国家级新区推进容错纠错机制建设提供了基本方向。在中央政策推动下，各个国家级新区随即出台大量旨在推进容错纠错建设的政策文本，极大地推动了新区容错纠错建设。无论是领导重视还是政策驱动，都消解了国家级新区容错纠错机制合法性问题，为后续运行提供了合法性支撑。

3. 竞争效应：同行压力与制度效应

尽管中央层面并未将国家级新区建设成效进行横向对比，但由于地方长期竞争锦标赛思维的存在，不同国家级新区实际上在建设发展过程中仍存在隐性化的竞争和对比。国家级新区之间这种隐性竞争行为在不断推动各个国家级新区发展建设的同时，也在很大程度上促使不同新区之间进行学习和模仿。调研发现，不同国家级新区容错纠错机制的建设实际上存在很大的差异性，有些国家级新区容错纠错机制建设较早，已经形成相对完善的制度体系。但有些国家级新区容错纠错机制建设相对缓慢，仍处在探索起步阶段。国家级新区容错纠错机制建设的差距，在某种程度上也成为国家级新区推动容错纠错机制建设的外部动力之一。在竞争性思维和中央顶层政治信号驱动下，容错纠错机制建设相对落后的国家级新区会存在一种明显的紧迫感和压力感，似乎在容错纠错机制建设上的落后会反映到整体层面的对比上，从而使新区产生一种落后感。也就是说，国家级新区之间存在的同行竞争压力也在某种程度上推动着新区容错纠错机制的建设，有些时候甚至是迫使新区建设容错纠错的主要力量。

"现在大部分新区都在花大力气推动容错纠错机制建设，都是国家级新区，我们要是没有动作，也不太好。"（FZ-20200715-SJ）

"有的新区很早就开始建设了，我们现在才起步，明知道赶不上，但也要有动作，不然领导面子挂不住。"（FZ-20200715-ZR）

同时，调研发现容错纠错机制建设落实能够对国家级新区创新发展产生积极的正向效应。比如，XJ新区自2016年开始建设和运行容错纠错机制以来，新区领导干部在干事创业方面更加积极主动，带动了很多大项目的发展。更为关键的是，XJ 新区自实施容错纠错机制以来年均 GDP 增长率保持在 19% 以上。与 2016 年相比，2019 年 XJ 新区 GDP 增长率高达 37.02%①。由此可见，容错纠错对国家级新区的经济发展具有十分明显的正向促进作用，也意味着容错纠错机制建设具有较为明显的经济吸引效应。在同行竞争压力存在的情况下，这种实质性的经济效应会极大地激发新区推动国家级新区容错纠错机制的建设。因为其不仅能够促使新区体制机制更加完善，更能够为推动新区发展起到不可替代的驱动作用。

"以前，新区引进项目实行的是责任制，没有引进成功就要承担相应责任，这就让很多干部不敢主动说引进项目的事。容错纠错机制建设后，新区不再对项目引进做强制要求，成功引进的给予一定的奖励，经过努力实在引进不了的也不追究责任。"（XJ-20200803-CMY）

"2016 年开始建设容错纠错机制的时候，也是希望这个机制能够对新区发展有所裨益。从这几年的效果来看，容错纠错确实对新区发展起到了促进作用。"（XJ-20200807-MJJ）

综上可知，外部问责压力催生了国家级新区对容错纠错机制建设的需求，而领导重视和政策驱动在很大程度上消解了容错纠错机制合法性问题，为其嵌入正式行政体系奠定了基础。同时，国家级新区之间存在的同行竞争压力和容错纠错机制建设效果显现进一步加强了国家级新区推动容错纠错机制建设和完善的决心。换言之，问责压力、高位势能和竞争效应共同构成了国家级新区推进容错纠错机制建设的外部动力。

（二）内部动力：推动制度落地实践

1. 官员激励：政绩驱动与晋升激励

在威权型行政管理体系下，控制干部晋升是上级政府管理和控制下级

① 数据依据 XJ 新区经济发展数据计算而来。

政府官员以及驱动其行动的重要力量。学者周黎安在解释晋升锦标赛理论时就曾指出"让若干个同级地方官员相互竞争，最后将经济绩效最好的一位官员提拔到一个更高的职位。这个激励机制为中国持续的高速增长奠定了关键性的制度基础"[30]。在这种独特的晋升激励机制中，地方政府可以通过积极创新来获得生产政绩或累积声望，以确保其能够在激烈竞争中获得胜利。与此同时，除了地方政府以外，官员个人也可以通过创新发展、做出开创性贡献等方式在现有竞争格局下获得竞争优势。由此可见，无论是地方政府还是官员，本身都会受到晋升因素的激励而有意采取行动来加快政绩累积以获得相对的竞争优势，为后续发展铺路。在对国家级新区推进容错纠错机制建设调研的过程中，我们同样捕捉到了这种晋升激励的信号。有些国家级新区干部认为容错纠错是一个新事物，但可以肯定它能够为激励干部干事创业和推动新区实现创新发展起到积极作用，因而花费很大力气推动新区容错纠错机制建设。

"刚开始建设容错纠错机制是为了响应中央号召，但后来它的的确确对新区发展起到了作用，得到了领导的重视。"（FZ-20200715-GJW）

"我们如果能够通过积极探索，把这个东西做成全国新区的一个标杆，让其他新区都到我们这里参观学习，那对于新区以及新区干部都是有好处的。"（XJ-20200807-WSH）

"我们现在就是想把它做成一个榜样、一个标杆，最好能够得到中央的认可和肯定。现在我们（新区）在重点搞这个事情。"（XJ-20200807-MJJ）

可见，国家级新区领导干部在推动容错纠错机制建设的过程中，也带有较为明显的晋升激励期待，希冀通过大力推进和完善新区容错纠错机制建设，甚至将容错纠错机制建设成为全国新区标杆，以赢得上级认可和肯定，从而实现政绩积累且获得相对的竞争优势。在当前中央和地方大力倡导推进容错纠错机制建设的背景下，国家级新区领导干部大力推进容错纠错建设实际上既回应了中央号召和契合了现实需要，也直接满足了官员的激励需求。换言之，容错纠错机制的潜在晋升激励和政绩优势激发了新区干部推动容错纠错建设的热情和积极性。

2. 发展需要：功能定位与实践诉求

国家级新区作为中央全面深化改革和深入推进改革开放的重要示范性功能区，被赋予了带动区域经济发展和实现创新发展的重要使命。这也就意味着国家级新区与其他国家级功能开发区有着本质上的区别，重点突出国家级新区改革创新的功能特性。从国家级新区战略功能定位上看，中央将国家级新区视为带动区域经济创新发展、深化改革开放和落实重大国家战略发展任务的平台，将其视为新时期经济转型发展的龙头和先导区。从这个角度看，国家级新区如果仍然重复传统经济功能开发区的发展老路，仍然循规蹈矩地依据传统经验来发展和建设新区，显然是难以承担起国家赋予的使命和责任的。这就需要国家级新区站在新的高度和发展定位上，结合国家赋予的先行先试权力主动创新、积极开拓，敢于并主动跳出传统功能区发展路子，实现全方位的创新发展。换言之，国家级新区所承载的特殊使命和功能定位，意味着国家级新区需要在各个方面有所创新和不同。有创新就必然要涉及对旧有制度机制的突破或改善，甚至会涉及对相关法律规章和政策的修订。这就需要为国家级新区创新发展设计必要的试错和容错保障机制来包容探索性失误。

> "上面要求我们在发展方面闯出新路子，要防止陷入传统功能区发展老路。新区要实现创新发展，就一定会涉及对部分制度机制的调整和改善，甚至需要推翻旧有的制度来满足发展需要。"（ZS-20200715-GWH）
>
> "我们很多工作都是开创性的，没有经验可循，如果照着传统方式去处理，那可能根本无法解决，需要有新的制度为探索性行动提供保障。"（XJ-20200803-CMY）

可见，国家级新区的战略功能定位决定了国家级新区领导干部需要跳出常规问题视野创新工作机制或方法来处理和应对新区发展中的难题。由于任何创新和探索都不可避免地会出现错误，为保持新区领导干部积极探索和主动创新的积极性和主动性，确保新区干部主动作为、勇于担当，就需要为其探索性失误和尝试性改革提供必要的包容性保障机制。基于此，部分国家级新区领导将积极推动容错纠错机制建设作为包容干部失误和激励干部干事的重要制度载体，期望能够借助容错纠错机制来消解新区干部干事创业的"畏惧感"和顾虑心理。

"现在问责那么严，上面又要求我们积极创新发展，在缺乏其他保障途径的情况下，容错纠错实际上就成了保护干部失误的重要方式。尽管现在还不成熟，但至少提供了一个可能的途径。"
（ZS-20200715-SJ）

3. 资源保障：资源吸纳与财政权限

尽管国家级新区在领导重视、政策支持等外部环境压力驱动下成功消解了容错纠错机制的合法性问题，使得容错纠错机制能够顺利嵌入组织行政管理体系之中得以运行。但由于必要顶层设计和制度安排模糊不清，制度嵌入并没有为容错纠错机制运行提供实质性的资源保障。这就意味着国家级新区需要为容错纠错机制建设和运行注入必要的资源，只有这样才能确保机制运行的有效性和持续性。这实际上就存在一个潜在的意涵，即从静态资源总量既定角度看，只有那些具备足够资源能力的国家级新区才能够确保容错纠错机制顺利建设并实践落地。然而，调研发现容错纠错机制建设已经在大部分国家级新区展开，尽管进度存在差异，但都实际开展了容错纠错工作。那么，在资源差异存在的情况下，不同国家级新区应如何保障容错纠错机制建设的资源供给，从而实现容错纠错机制建设推进和落地成了需要研究的问题。

一方面，国家级新区利用高位政治势能来吸纳体制资源。部分国家级新区在推进容错纠错机制建设的进程中，国家级新区干部借助新区领导干部和上级政府对容错纠错机制建设的重视和关注，在容错纠错机制建设上争取了更多的资源支持，从而强化了新区容错纠错机制建设的资源供给能力。例如，2019 年 GA 新区领导干部在中央大力倡导推进容错纠错机制建设的背景下，积极与当地高校开展联合研究项目探索容错纠错机制建设。此举得到了上级政府部门的大力支持，划拨了专项经费支持。相类似的，XJ 新区领导为打造新区容错纠错机制建设标杆，主动与所在地高校合作，并组建多个调研团队分赴不同新区进行调研学习，为容错纠错机制建设争取到了相应经费支持。可见，高位政治势能所具有的资源吸纳能力能够显著增强新区容错纠错机制资源供给能力，为新区推进容错纠错机制注入强大建设动能。

> "去年我们书记为了建设容错纠错机制，专门搞了个调研。并且与当地高校合作，希望借助他们（高校）的理论知识发现问题，来推动容错纠错机制更加完善。这个事情当时还得到了上级领导的支持，专门划拨了活动经费。"（GA-20200725-GY）

另一方面，国家级新区具有相对较高的财政权限。国家级新区作为新时期全面深化改革和持续改革开放的战略高地，国家在赋予其先行先试权力的同时，也赋予了其较高的财政管理权限。以管委会形式的 XJ 新区为例，XJ 新区拥有着市级财政管理和使用权限，这意味着其在财政权限上要远远优于所在地的区级政府，能够面向辖区范围企业单位收税，也就相当于赋予了新区更大的财政资源调度使用权力。更为关键的是，在市级财政权限下，中央政府对 XJ 新区的转移支付力度与市级行政部门相同，这就进一步加强了新区的财政能力，使得其有更多资源投向容错纠错机制建设上。

> "我们的财政权限与××市是一样的，我们是可以针对新区范围内的企业进行征税的。并且每年中央对新区的转移支付数额也是与××市一样的。从容错纠错角度看，这种税收优势在一定程度

上为建设容错纠错机制提供了保障。"(XJ-20200803-CMY)

分析可知,新区领导干部晋升期望和新区创新发展的内在要求共同推动了国家级新区容错纠错机制建设。同时,国家级新区也在高位势能以及相对财政税收优势支持下,主动吸纳和整合体制内资源用于支持容错纠错机制建设,极大地强化了容错纠错机制建设和运行的资源保障能力。换言之,官员激励、发展需要和资源条件等内在因素共同推动了国家级新区容错纠错机制的实践运行,建构了容错纠错机制的有效性问题。

四、结论与讨论

本研究试图从外部和内部两个视角出发探讨国家级新区推动容错纠错机制建设的动力机制,即分析国家级新区是在哪些动力因素的混合交织下消解容错纠错机制合法性和有效性问题,从而实现容错纠错机制稳步建设和有效运行的。

研究发现,国家级新区是在多元动力因素混合交织下推动容错纠错机制建设的,国家级新区在受到不同方向动力影响的同时也主动利用多动力因素建构了制度运行面临的合法性和有效性问题,从而确保了容错纠错机制在国家级新区落地生根,为激励干部干事创业提供必要保障。具体而言,一方面,国家级新区在高压问责环境下,主动利用领导重视、政策驱动以及国家级新区同行容错纠错机制建设竞争效应,成功地消解了阻碍制度建构和实践的制度合法性问题,借由高位势能将容错纠错机制嵌入国家级新区管理体制结构中而获得合法制度身份。另一方面,国家级新区干部对容错纠错机制建设所衍生出来的晋升激励期望和新区特殊功能定位与发展使命极大地推动了容错纠错机制在国家级新区的实践和落地运行。在此基础上,国家级新区积极借助高位政治势能和财政权限优势主动整合体制内资源,为容错纠错机制持续高效运行提供了充足的资源保障。可见,容错纠错机制在国家级新区成功落地运行直面回应了制度有效性问题。

本研究仅对国家级新区推进容错纠错机制建设的动力机制做了基本的探索分析，以期能够对理解国家级新区容错纠错建设有所裨益。未来，可借助更加精准和成熟的研究方法对国家级新区容错纠错机制开展研究和分析。例如，通过广泛调研和分析，呈现国家级新区容错纠错差异化发展的深层原因，从而为国家级新区更好建设和落实容错纠错机制提供理论支持。

参考文献

[1]中央纪委驻国资委纪检组.贯彻落实"三个区分开来"的指导意见[EB/OL]. http://www.sasac.gov.cn/n2588020/n2877928/n2878219/c3749445/content.html.

[2]薛瑞汉.建立健全干部改革创新工作中的容错纠错机制[J].中州学刊, 2017(02)：13-17.

[3]李蕊.容错机制的建构及完善——基于政策文本的分析[J].社会主义研究, 2017(02)：89-96.

[4]刘美萍.当前行政问责存在的偏差及其治理[J].江苏行政学院学报, 2019(06)：110-115.

[5]罗永宽.容错纠错机制为干部干事创业撑腰鼓劲[J].人民论坛, 2017(26)：58-59.

[6]邸晓星.在求实创新中推进干部容错机制建构[J].理论探索, 2017(06)：22-26, 32.

[7]赵迎辉.新时代干部容错纠错机制的建构及完善[J].山东社会科学, 2020(01)：170-174.

[8]史云贵, 薛喆.县乡领导干部容错纠错机制的功能廓析与路径创新——一种基于IAD的分析框架[J].思想战线, 2020, 46(03)：63-71.

[9]薄文广, 殷广卫.国家级新区发展困境分析与可持续发展思考[J].南京社会科学, 2017(11)：9-16.

[10]柳天恩, 田学斌, 曹洋.国家级新区影响地区经济发展的政策效果评估——基于双重差分法的实证研究[J].财贸研究, 2019, 30(06)：24-35.

[11]刘春湘, 陈安妮.社会组织制度何以变迁？——一个多元动力机制的分析[J].江淮论坛, 2019(06)：168-174.

[12]郑石明, 吴桃龙.中国环境风险治理转型：动力机制与推进策略[J].中国地质大学学报(社会科学版), 2019, 19(01)：11-21.

[13]陈家涛.农民合作组织参与贫困治理的动力机制及制约因素[J].管理学刊,2019,32(06):36-43.

[14]张翔,ZHAO Wenyao G.地方政府创新何以持续:基于"政绩安全区"的组织学解释——对H市"智慧市"项目过程的案例观察[J].公共管理学报:2020,17(04):98-109,112.

[15]张建雷.家庭农场发展的多重动力机制分析[J].西北农林科技大学学报(社会科学版),2018,18(01):34-40.

[16]金刚,沈坤荣.地方官员晋升激励与河长制演进:基于官员年龄的视角[J].财贸经济,2019,40(04):20-34.

[17]杨坤峰,刘诚.官员的激励变迁与适度有为:以雾霾治理为例[J].财经问题研究,2016(12):82-87.

[18]孔兰.智慧知识服务的创新动力机制分析[J].图书馆学研究,2020(03):61-65.

[19]孟庆国,魏娜,田红红.制度环境、资源禀赋与区域政府间协同——京津冀跨界大气污染区域协同的再审视[J].中国行政管理,2019(05):109-115.

[20]周正,尹玲娜,蔡兵.我国产学研协同创新动力机制研究[J].软科学,2013,27(07):52-56.

[21]熊励,杨璐.上海跨境电子商务平台发展的动力机制及策略[J].科技管理研究,2016,36(13):159-163.

[22]刘松瑞,王赫,席天扬.行政竞标制、治理绩效和官员激励——基于国家卫生城市评比的研究[J].公共管理学报:2020,17(04):10-20,164.

[23]王再武.地方官员"不担当不作为"现象解析:一个制度主义的视角[J].地方治理研究,2019(04):20-28,77.

[24]佟健.官员激励、任期制与为官不为[J].广东财经大学学报,2017,32(06):15-20.

[25]胡春艳,周付军,周新章.河长制何以成功——基于C县的个案观察[J].甘肃行政学院学报,2020(03):19-28,124-125.

[26]徐西光.我国行政问责反思:成效、问题与改革思路论析[J].理论月刊,2017(12):171-176.

[27]石学峰.全面从严治党进程中"为官不为"的治理困境与突破路径[J].求实,2019(03):16-28,109-110.

［28］贺东航，孔繁斌.中国公共政策执行中的政治势能——基于近 20 年农村林改政策的分析［J］.中国社会科学，2019(04)：4-25，204.

［29］吴建南，马亮，杨宇谦.中国地方政府创新的动因、特征与绩效——基于"中国地方政府创新奖"的多案例文本分析［J］.管理世界，2007(08)：43-51，171-172.

建立健全党员干部"容错纠错机制"
问题研究

姚 文①

摘要："容错纠错机制"是近几年来备受瞩目的新事物，特别是党的十九届四中全会通过的《中共中央关于坚持和完善中国特色社会主义制度、推进国家治理体系和治理能力现代化若干重大问题的决定》明确提出要强化容错纠错机制。山东、浙江、广东等地已经开始试点，围绕该机制的探讨正如火如荼地进行。党中央要求建立容错纠错机制，抓住了激发干部积极性的关键。对改变当前不少干部明哲保身、"为官不易"等消极心态，研究探讨建立健全容错纠错机制而且具有十分重要的意义。

关键词：容错 纠错 免责

---

① **作者简介：**姚文，中共衡阳市委党校讲师，主要研究方向为马克思主义基本理论、管理学、图书情报知识

为激发干事创业热情，消解实干担当干部的顾虑，各地积极提出探索建立完善容错纠错机制。中共中央办公厅印发的《关于进一步激励广大干部新时代新担当新作为的意见》（中办发〔2018〕29号）强调要全面贯彻落实习近平总书记关于"三个区分开来"的原则要求，对于宽容干部在工作落实中特别是在深化改革、开拓创新中的失误错误作出了总体安排。毋庸置疑，基层党委和政府在中办发〔2018〕29号文件精神的指导下，出台适合本地区实际情况的细化政策，提升干部干事创业积极性，确有必要。

一、提出容错纠错机制的背景

随着以习近平同志为核心的党中央把党的建设事业提上重要议事日程，特别是党的十八大以来出台的八项规定、六项禁令、反四风以及全面从严治党各项方针政策的制定实施，加大对党员干部追责力度、强力正风反腐的压倒性态势已然形成。但是，随着各级官员因为各种违纪违规行为不断落马或者受到不同程度的党政纪处分，一些党员干部产生了"多干多错、少干少错、不干不错"的畏葸不前、消极应付心理。然而，在各项改革深入推进的过程中，在经济社会处于转型期的大背景下，尤其需要具有开拓创新、攻坚克难、激流勇进的干部，但是改革创新举措往往会触动一些人的既得利益，常常在评优、提拔任用时票数不高，甚至被"另眼相待"。[1]另外，改革创新无法按图索骥，大概率会出错。尤其是基层干部，需要处理人民群众各方面的问题，基层干部的工作与人民群众的利益息息相关，每一个基层干部都是抓社区建设、抓民生服务、抓征地拆迁和抓综治维稳的"多面手"，"上面千条线，下面一根针"，面对各项工作任务，亟须在机制中给予明确界定，让基层干部不畏难、不塞责，想干事、敢干事、干成事。改革创新者是"吃螃蟹"的勇者，而如果我们的机制迟滞于在工作中只许成功不许失败，并且针对在干事创业的过程避免不了的非主观因素造成的失误动辄就要遭受党政纪处分，那么很多党员干部就会选择宁愿"坐冷板凳"的消极心态，因为"少干避祸"。这些干部就会由满腔热情转而向平庸靠拢，从而使改革创新止步不前。

习近平同志强调，要支持和保护那些作风正派又敢作敢为、锐意进取的干部，最大限度调动广大干部的积极性、主动性、创造性，激励他们更好带领群众干事创业。[2] 2016 年 3 月 5 日，李克强总理在《政府工作报告》中明确指出：健全激励机制和容错纠错机制，给改革创新者撑腰鼓劲，让广大干部愿干事、敢干事、能干成事。党的十八届六中全会再次将"建立容错纠错机制，宽容干部在工作中特别是改革创新中的失误"在《关于新形势下党内政治生活的若干准则》中加以重申。可见，党中央决心强力正风反腐、加大力度问责追责的时代背景下，面对全面深化改革的历史重任，如何在干事创业与问责追责之间找到平衡点，既能充分调动、保护组织和个人合理合法的创造活力，又能使胡乱作为、不作为、慢作为受到应有的惩罚，更能使错误、失误的决策部署得到纠正和补救，使干部砥砺前行，更好推进工作开展，建立健全容错纠错机制正逢其时。党的十九届四中全会把"健全充分发挥中央和地方两个积极性体制机制"作为推进国家治理体系和治理能力现代化的重要内容做了部署。《中共中央关于坚持和完善中国特色社会主义制度、推进国家治理体系和治理能力现代化若干重大问题的决定》明确提出要强化容错机制，防止问责泛化，鼓励担当作为，支持地方围绕中央顶层设计进行差别化探索。

二、容错纠错机制体现用人智慧，可以培养社会良性运行的担当精神，是社会文明进步的标志

"容错纠错机制"是指领导干部在履职过程中因改革创新、主动作为出现失误和过错时，政府部门要有宽容和纠正这类过错的制度机制，通过启动容错纠错免责保护程序，依法依规对其免于处分，从轻、减轻处罚或免于问责，鼓励改革创新和有为担当，激发改革创新热情，让改革创新者轻装上阵，一心一意促改革，心无旁骛谋创新，真正成为"能作为、敢作为、善作为"的称职干部。

（一）容错纠错是用人者智慧的体现

自古以来，想要成就事业，就必须懂得、识人、用人。"一个精心爱惜人才、用心聚集人才的政党，是与时俱进、开拓创新的政党；一个热心发现人才、诚心使用人才的国家，是充满希望、富有活力的国家。"[3]《左传·宣公二年》就提到过"人谁无过，过而能改"，自古以来，中华优秀传统文化中就有不少爱才惜才、容错用人的做法。有的是对人犯错的基本认识，如"金无足赤，人无完人"等；有的是对用人思想的表述，如"忘其前愆，取其后效""不以一眚掩大德"等。容错的前提是基于用人之长，"尺有所短，寸有所长"，"任人之长，不强其短"是自古以来用人的智慧。古代"容错"用人有诸多成功案例，如唐太宗李世民"用人容短，不计细过"，终成一代英主，成就"贞观之治"；宋太祖赵匡胤"用人护短，促人向善"，维护边境安定，促成一代霸业；清雍正皇帝的"不拘小节、人尽其才"，善用田文镜、李卫，为世人留下一段佳话。中国古代的"容错"用人现象反映了容错用人的辩证思想与智慧，对干事创业者的尊重是爱才惜才的集中表现。

（二）容错纠错是社会文明与进步的标志

衡量社会进步的标准是综合的，生产关系的性质、政治法律制度、科学文化发展水平和道德风尚都是衡量社会进步的标准。我国几十年改革开放的历程，是一个制度碰撞、新制度变革旧制度的过程。在当今全球化时代，国际国内形势变得更加复杂，社会转型期的矛盾也更为突出，新的问题、新的情况不断涌现，改革的风险性、困难度倍增，处在改革前沿的人就很有可能犯错。没有人可以是"常胜将军"，假如政府带头"以成败论英雄"，那么会造成整个社会气氛压抑，没有活力，甚至可能"万马齐喑"。容忍过错是一个社会文明与进步的重要标志，否则整个社会得不到创新，不能取得进步。当前，要出现党中央倡导的轰轰烈烈进行"万众创新，大众创业"的可喜局面，就必须有健全容错纠错机制和理念，只有摆脱出错必被问责的思想压抑和不利于开拓创新的体制束缚，使广大干部获得深层次的思想解放，才能迸发出源源不断的创新热情，激发出干成事的潜能。

当前我国的各项改革事业都是极其复杂的群众性探索和创新的事业，既没有现成模式，也没有经验可循。说到底，改革的实质就是一个"试错"的过程，在自然科学领域，我国诺贝尔奖获得者屠呦呦历经 190 次失败才在第 191 次低沸点实验中发现了抗疟效果 100% 的青蒿提取物。虽然在社会科学领域、行政管理工作领域不可能允许有很高的出错率，但在摸索的道路上出现一些失误和错误是在所难免的，我们要正确对待和处理在改革创新过程中出现的问题和偏差，尊重事物发展的规律，给前进道路上干事创业勇者们提供理解和包容。

党的十九届五中全会提出了一系列以创新为核心的发展思路，整个国家自上而下地将创新提升到了一个新的高度。在自主创新的道路上，要走得更远、更好就需要提供试错的土壤，允许试错。试错对于国家和社会的发展进步有积极意义，容错有利于我们提高处理复杂事物的能力和本领，能更有针对性和实效性地处理知识空白、经验盲区以及能力弱项，从而增加适应新时代新挑战的信心和能力。

(三) 容错纠错可以培养勇于担当的风尚

对创新担当者的过失"从轻发落"，是一种难得的人性关怀，是对改革创新过程中辛苦创业者的鼓励和鞭策，也是对更高一级领导依法行使职权的考验，更是对现代化治理体系的考验。支持和鼓励干部改革创新，不仅需要柔性关怀和指导，更需要针对失败宽容的制度保障，政府有义务用合理的机制规划出"试错权"运行的最佳轨迹。当然更加离不开鼓励改革、包容改革、推进改革的机制化建设。假如没有鼓励干部群众干事创业的容错纠错机制，恐怕也难以让像小岗村这样的"大包干"精神写进改革开放的史册。同理，现在改变我们生活方式的"电子商务""移动支付"也很难落地。[4]"敢担当，可容错"真正体现了组织对干部的充分信任，让全身心投入改革中的干部可以解除勇闯难关的后顾之忧，也才能不让实干者受屈，不让创业者灰心失望，不让领头羊变成替罪羊。容错纠错机制会促使广大干部把智慧和力量凝聚到改革和创新驱动上，完成好当前简政放权、转型升级、供给侧改革等各项重大历史使命。

三、构建容错纠错机制的路径探索

容错纠错机制作为保护组织和个人改革创新精神的一个重要举措，实际上也是法治监督机制的一个重要补充，[5] 是为了保证公权力的正确行使，防止权力异化、全面从严治党的重要内容和题中应有之义。容错纠错机制的构建涉及的问题非常复杂，既需要顶层设计、整体规划，又需要完善相应的配套措施，使容错纠错机制科学化，而且便于相关人员进行操作。要把先行先试中出现的失误与明知故犯区分开来，把改革创新中出现的失误与有法不依区分开来，把推进改革的无意之失与以权谋私区分开来。

(一) 容错纠错应遵循的原则

以"三个区分开来"为标准确定容错对象边界的原则。党的十八大以来，在全面从严治党的实践过程中，习近平同志多次强调要坚持"三个区分开来"，即把干部在推进改革中因缺乏经验、先行先试出现的失误和错误，同明知故犯的违纪违法行为区分开来；把上级尚无明确限制的探索性试验中的失误和错误，同上级明令禁止后依然我行我素的违纪违法行为区分开来；把为推动发展的无意过失，同为谋取私利的违纪违法行为区分开来。"三个区分开来"实际上提供了对改革创新中出现错误和失误进行客观公正的辨别与区分的标准，明确了哪些错误和失误是可以纳入容错纠错机制的，哪些错误和失误是要接受处罚的，从而清楚地划分容错纠错机制的适用范围和排除标准。例如，2020 年 6 月，杭州市纪委市监委印发《关于健全完善容错免责机制　促进党员干部担当作为的实施办法 (试行)》，对纪检监察机关实施精准问责、容错免责"容什么""怎么容""容后怎么办"进行明确，旗帜鲜明为担当者担当、为负责者负责。

（二）容错纠错边界尺度的合理界定

1. 可容为公无私之错，不免为私谋利之责

对于推进改革创新探索实践过程中出现的失误或错误，不可能无条件、不设底线地一味宽容，而应规定科学合理、清晰可判的边界和尺度，明确哪些决策失误可以容、哪些决策失误不能容、能够承担的失败损失是多大、期限是多长等问题，只有这样才能两头兼顾——既能为改革开放者撑腰鼓劲，又能防止干部胡乱作为，更好地体现建立容错纠错保护机制的初衷和本意。"容错纠错"是要保护为公为民、不谋私利的干部。也就是说，"容错纠错"容的是为公型错误，而对谋私型错误，不仅不能免责，还应严厉惩处。所谓为公型错误，就是要看干部行为的出发点是不是为公，如果是为了改革发展、务实创新，为了实现公共利益或集体利益最大化，没有为自己、他人或小团体、部门谋取不正当利益的观念意识，结果却出现了意料之外的错误、失误或偏差，且在错误、失误和偏差出现之后，能积极主动采取措施，最大限度地挽回损失和消除不良影响，这种错误就属于"容错纠错"之列。而如果是借改革创新之名徇私舞弊、假公济私、公器私用，与他人恶意串通损害公共利益，其错误的后果完全在意料之中，这种错误就属于严惩之列。

2. 可容开拓进取之误，不能纵"不乱作为"之错

容错纠错机制实际上就是"为敢于担当者担当"的制度保障，适用的对象是干事创业者，而不是无能不为者或盲目乱为者。具体来说，容错纠错主要适用以下几种行为：一是探索性失误，即在上级尚无明确限制或法律法规未有明确规定的情况下，创造性地执行中央政策和落实上级党委、政府决策部署，为破解难题而积极作为出现的失误或错误；二是经过专家论证、风险评估、集体研究、民主决策、阳光运作、公众参与但仍因未可预料的因素出现造成的工作失误或错误；三是在承担急难险阻任务、化解矛盾焦点、推动重点领域改革中主动揽责涉险、大胆履职过程中所造成的失误或错误；四是在科学设置权力清单、责任清单的前提下，领导干部合法合规

行使自由裁量权而出现的错误；五是因法纪调整、政策变化而产生的改革失误或错误。反过来说，"容错"不是"纵错"，对于"乱作为"所造成的重大失误，如假借改革之名，罔顾当地实际大兴劳民伤财的"面子工程"；不经集体决策程序、个人擅权专断、滥用公共权力而造成的错误；对涉及面大、损害众多人根本利益的重大决策失误、造成重大经济损失、严重破坏生态等，都排除在容错纠错之列，必须严肃追究责任。

3. 可容突破"过时"规定之举，不免明令禁止所犯之错

在"何错可容"问题上，目前全国试水的地区都把"没有违纪违法"等作为免责前提。党的十八大以来，严明党纪党规和制度设计，已划出了党员干部不能触碰的"红线"和必须守住的"底线"。在党纪党规明令禁止后，如果仍搞"上有政策、下有对策"，故意打擦边球，那就不能容错纠错，相反，还应加大追责力度。同样，我们强调全面依法治国，也必须要求容错纠错机制设定在法律框架之内。但是，必须值得我们注意的一点就是，长期以来，一些法律法规或因局部特定情况立法，或因计划经济与市场经济衔接，或因世事变迁等诸多因素，的确已然不合时宜，需要与时俱进。若局部的改革与现有法律法规不相容，都必须依现有之法改革，或者强调先行立法，那么按照立法程序，改革就会被迫停滞，也容易成为束缚干事创业者乃至反对、打击改革创新者的理由。当然，敢于创新和突破那些"过时"的法律法规不是"无法无天"，对于经实践证明与改革不抵触，与市场经济相适应，甚至是促进改革的法律法规，依然要依照这些"法"来推进改革。

(三) 容错纠错机制配套制度的协调跟进

若要使容错纠错机制能够健康有序地为改革创新发展服务，去除为官不为和胡乱作为的弊端，配套制度的协调跟进必不可少。多方位合理建立科学的免责配套机制是保证容错纠错机制发挥作用的必然要求。

1. 建立反应灵敏的纠偏纠错机制

纠偏纠错，就是在问题发生以后要及时有效地启动相关机制，进入相

关程序，对问题产生的原因、发展过程中出现的后果进行科学评估，确定性质，及时予以纠正，把可能造成的损失降到最低，及时止损。容错不是纵错，党员干部在错误被"容免"后应及时总结反思如何在今后的工作中规避同类型的错误，这才是容错免责机制的本意和出发点。纠错不是为了追责，纠错是对干部更大的考验和锻炼，能够及时认错并纠错的干部，才是敢干事、干成事的好干部。[6]纠偏纠错机制是容错免责机制的有机组成部分，是避免"千里之堤毁于蚁穴"，小失误的累积就是量变形成质变的过程，纠偏纠错机制是避免引发全局性问题的有效手段。容错纠错机制的设计和完善不仅依赖于前瞻性的顶层设计，更依赖于地方政府和市场主体、社会主体的勇于探索、互动博弈。[7]

2. 建立规范严密的行政决策机制

任何一个创新探索性实践项目，首先应该在科学的决策机制下经过预定程序，对项目进行充分论证，并通过集体决策，对项目的实施进行部署。[8]建立和完善行政决策机制，就是要把创新探索性实践项目按照合法性审查—专家论证—相关各方公众参与—风险评估—集体研究决定等确定为法定必经程序。用科学化、民主化、法治化的决策机制对行政项目做出决策，只有在这样的前提条件下，在项目实施过程中出现的符合"三个区分开来"的标准的错误和偏差，才能纳入容错纠错机制中，否则不属于容错范围，应当用决策失误责任追究制度加以惩戒。

3. 建立从严有效的权力监督机制

完善对行政权力的监督，习近平总书记在党的十九大报告中指出："坚持开展批评和自我批评，坚持惩前毖后、治病救人，运用监督执纪'四种形态'，抓早抓小、防微杜渐。"[9]尤其是要把权力监督的重点由对追惩性事后监督的偏重转移到行为发生前的预防和运行中的控制中来，严肃党内政治生活，搭建沟通平台，切实利用好"批评和自我批评"这一武器，做好思想交流，各级党委、组织要树立坚持把纪律挺在前面的意识，凡事以党领导的社会主义建设事业为重，对同志真诚关怀，对出现的苗头性、倾向性问题要及时咬耳朵、扯袖子，避免因缺乏监督导致一段时间以来我们看到的"不是好同志就是阶下囚"的尴尬局面，让干部队伍"干净"，让政府"高效""廉价"。

4.建立多元参与的考核机制

制定科学合理的考核评价机制，是容错纠错机制得以顺利实施的重要条件，关系着该机制能否健康持续地运行。党员干部由于所在部门不同，岗位工作难易也有差别，而且每个岗位有关党的工作量差异较大，这就要求在考核评价机制时，充分考虑各要素构成，对干部履职情况尽量量化，摒弃年终考核单一模式，注重日常评估，坚持评价客体构成成分多元化，加大党员干部服务对象评价比例，尽量构成各方立体参与的考核评价方式，对干部工作绩效公开、评价标准公开。假大空的年终考核不能凸显干部实绩，不能客观评价干部。不能量化的部分，应综合分析，有些工作领域，可适当引入第三方评估。为避免会干的不会说，肯干的受委屈，愿意干的没组织支持，避免出现劣币驱逐良币的情况，为了提高干部干事创业的积极性，要对干部在改革创新中出现的失误性质、程度、影响作出合理、科学的甄别。考核结果在适当范围内通报，对个人及时进行交流，以期达到最好效果。

(四)培育容错纠错机制的文化氛围

建立容错纠错机制的一个重要条件就是全社会范围内对创新精神的认可，以及对创新偏差的容忍和纠正。因此，在容错纠错机制的探索过程中，文化氛围的培育理应得到重视。

早在2016年，中央全面深化改革领导小组第二十一次会议就指出，各级党委要着力提高领导干部谋划、推动、落实改革的能力，引导干部树立与全面深化改革相适应的思想作风和担当精神，既鼓励创新、表扬先进，也允许试错、宽容失败，最大限度地调动广大干部的积极性、主动性、创造性，推动全社会形成想改革、敢改革、善改革的良好风尚。我们要认识到，容错纠错机制良好的文化氛围是促进社会整体进步的"软实力"，能产生强大的感染力、凝聚力和创造力。一个社会倡导创新、开放和包容文化的浓郁程度，决定着社会文明的程度。当下，我们不是缺乏对创新人才和成功人士的赞誉，而是缺乏正视和理解失败的社会风气和对失败者的关怀和包容。在推进容错纠错机制的过程中，要不断加强典型示范引领，树形象、树标准、树导向，推广落实容错纠错机制的好做法、好案例。不断加强正面宣传，善于弘扬正气，疏导社会不良情绪，防止出现乱抓辫子、乱扣帽子、乱打板子的行为。要支持公众参与渠道，探索容错纠错公众评价，为公众参与容错纠错工作监督留足空间，帮助公众尤其是基层群众全面、客观、准确地认识、评价、对待干部创业失败，形成全社会为容错纠错共同担当的行为文化。[10]

四、结语

容错纠错机制通过先行先试，在广东、浙江、山东等地相继出台相关机制制度以后，2018 年，中共中央办公厅印发了《关于进一步激励广大干部新时代新担当新作为的实施意见》，明确提出要健全容错纠错机制，并且要"准确把握政策界限，对违纪违法行为必须严肃查处，防止混淆问题性质、拿容错当'保护伞'，搞纪律'松绑'，确保容错在纪律红线、法律底线内进行"。纪检监察机关或组织部门作为容错纠错机制的裁定部门，要在制定实施过程中，科学合理评价，不能机械问责，最大限度地调动和保护干部干事的积极性。最后，要扩大容错纠错机制范围，最终实现容错纠错机制建立的目的，将容错免责与追责问责相结合，促使党员干部担当作为、干好工作。容错纠错机制的建立的目的在于鼓励干部干事创业，保护改革创新中干部的工作积极性。补齐目前对干部考核评价的短板，完善国家治理体系，是为了更好建设新时代社会主义事业。容错纠错机制在不同领域、不同地区可以存在差异，组织和实施这一机制的相关部门要在实践中不断创新，以变化发展的理念保障这一机制得到良好的运行。

参考文献

[1]刘鸿池.建立干部容错纠错机制 引领干部迈入干事新常态——关于建立干部创新工作容错纠错机制研究[J].党史博采(理论),2017(07):41+47.

[2]何旭,裴佩.为干事者鼓劲撑腰[J].四川党的建设(城市版),2016(08):28-29.

[3]习近平:聚焦发力贯彻五中全会精神 确保如期全面建成小康社会[J].紫光阁,2016(02):7.

[4]罗宇凡,崔静,朱基钗.聚天下英才 圆复兴之梦——党的十八大以来人才工作创新发展纪实[J].人才资源开发,2017(21):6-8.

[5]毕宏音.从各地试水看"容错纠错机制"的系统建构[J].人民论坛,2016(11):15-17.

[6]刘明定.构建容错机制的逻辑悖论与破解之策[J].领导科学,2016(06):22-24.

[7]王超.中国转型期政策执行逆强化问题研究[D].哈尔滨:黑龙江大学,2016.

[8]刘宁宁,郝桂荣.新常态下如何科学构建容错机制[J].党政视野,2017(02):57-58.

[9]决胜全面建成小康社会 夺取新时代中国特色社会主义伟大胜利[N].人民日报,2017-10-19(002).

[10]张仲灿.为改革求进者容错免责[N].中国组织人事报,2016-05-04(006).

三环学习模式下国家级新区
容错纠错机制创新研究

郎玉函　伍如昕①

摘要： 三环学习模式是一种组织学习的方式，具有在实践中反思、在反思中升华的特点，因此对于指导容错纠错机制的改革和创新具有十分重要的作用。国家级新区作为承担国家重大发展和改革开放战略任务的综合功能区，需要建立容错纠错机制鼓励各项制度改革与创新工作。当前，国家级新区容错纠错机制的建设还在探索当中，因此本研究提出可以基于三环学习模式对国家级新区的容错纠错机制建设进行创新，具体思路如下：一是通过单环学习关注容错纠错机制自身的问题，使机制主体趋于完善；二是通过双环学习关注内外环境对于容错纠错机制的影响，增强机制的动态稳定性；三是关注机制的落地实施和交流共享，提高容错纠错机制的普适性。通过三环学习模式对容错纠错机制进行系统化建构，形成从机制顶层设计到完善推广的完整闭环，可增强新区发展改革的底气和探索创新的勇气。

关键词： 三环学习模式　国家级新区　容错纠错机制　制度创新

---

① **作者简介：** 郎玉函，中南大学公共管理学院 2020 级硕士研究生；伍如昕，中南大学公共管理学院副教授，硕士生导师

一、引言

2016 年，政府工作报告提出："健全激励机制和容错纠错机制，给改革创新者撑腰鼓劲，让广大干部愿干事、敢干事、能干成事。"同年，习近平总书记在主持召开中央全面深化改革领导小组第三十次会议时强调要多推行有利于调动广大干部群众积极性的改革，即需要不断完善容错纠错机制，健全激励保障制度。2018 年 5 月，中共中央办公厅印发《关于进一步激励广大干部新时代新担当新作为的意见》，提出建立激励机制和容错纠错机制，教育引导广大干部担当作为、干事创业。由此可见，容错纠错机制的建立是为了激发改革创新活力和干部干事创业的热情。国家级新区是承担国家重大发展和改革开放战略任务的综合功能区，是带动区域经济发展的增长极和贯彻落实科学发展的排头兵。[1]因此，新区普遍实行更加开放和优惠的特殊政策。2019 年底，国务院办公厅发布了《关于支持国家级新区深化改革创新推动高质量发展的指导意见》（以下简称《指导意见》），明确指出要建立健全新区的激励机制和容错纠错机制，鼓励新区进行各项制度改革与创新的探索工作，努力把新区打造成高质量发展引领区、改革开放新高地、城市建设新标杆。从这一意义上来说，国家级新区容错纠错机制建设是实现国家各项发展改革任务的一项重要战略部署，对于充分发挥干部群众的首创精神、破解改革发展难题具有积极作用。当前，我国国家级新区发展才刚刚起步，虽然取得了一定成效，但仍不同程度地面临着规划建设不够集约节约、主导产业优势不够突出、管理体制机制不够健全、改革创新和全方位开放不够深化等问题，需要促进新区进一步加强创新创业力度。[2]目前，国家级新区容错纠错机制的建设尚处于实践探索阶段，对于鼓励创新创业和干部担当作为发挥的作用还很有限，因此本文以国家级新区容错纠错机制建设为重点，基于三环学习模式①，探索容错纠错机制建立和推广

---

① 金光熙.组织学习的 3 环学习模式[J].现代企业教育，2005(04)：16-19.

的新形式。

二、容错纠错机制提出背景和新区容错纠错机制发展现状

十二届全国人大四次会议的《政府工作报告》在 2016 年的重点工作任务中首次提出要"健全激励机制和容错纠错机制"，以此提高政府工作人员的执行力和公信力。在政府系统，容错纠错机制是指：当政府官员因改革创新、主动作为而出现过错时，政府系统要有容受和纠正这类过错的制度机制，以鼓励改革创新和行政有为。[3] 为了更好地把握容错纠错机制的内涵，我们还可以将其分开来理解，所谓容错机制就是给改革创新行为提供了试错的机会，减轻改革创新者的顾虑。纠错机制即纠正改革创新行为中的偏差，对新生事物加以正确的鼓励和引导，从而尽可能地减轻或避免试错造成的损失。纵观 2016 年的《政府工作报告》可以看出，容错纠错机制的提出有其特定的背景和重要意义。

(一) 容错纠错机制提出背景和意义

1. 为敢想的人"开绿灯"①

2016 年是十三五的开局之年，《政府工作报告》对经济社会发展提出了一系列新的要求，尤其注重创新驱动发展战略的实施。创新是引领发展的第一动力，而创新不会一蹴而就，创新之路注定是曲折艰难的，因此需要采取措施鼓励创新、保护改革创新者。容错纠错机制就如同为创新者提供保险服务，保证大家创新的热情和主动性，有了容错纠错机制保驾护航，才能释放、调动官员改革创新的积极性。

2. 为干事的人"兜住底"②

改革创新势必会面临风险、要承担责任，而且面临的风险比按部就班

---

① 新华社. 为敢想的人"开绿灯" 为干事的人"兜住底"[EB/OL]. (2016-03-06). http：//lianghui. people. com. cn/2016npc/n1/2016/0306/c402194-28175827. html.

② 新华社. 为敢想的人"开绿灯" 为干事的人"兜住底"[EB/OL]. (2016-03-06). http：//lianghui. people. com. cn/2016npc/n1/2016/0306/c402194-28175827. html.

的更大。因此，许多人怕犯错后问责、担责，本着"不求有功，但求无过"的原则做事，而不敢去改革创新，这无疑会阻碍改革的进程。容错机制的建立能使大家不害怕因为改革创新而犯错，能使错误被及时纠正，把可能造成的损失降到最低，让改革创新的举措落实到位。

(二)国家级新区容错纠错机制建设的整体性分析

1.国家级新区容错纠错机制建设总体情况

为更好激发改革创新活力和推动高质量发展，国家级新区也开始了建立容错纠错机制的探索。容错纠错机制与干部激励政策密不可分，容错纠错机制是落实激励政策的一个重要手段。从 2016 年开始，各个国家级新区先后出台了一系列容错纠错办法，对容错纠错的程序、情形等进行了细致的规定。国家级新区现有的容错纠错机制框架结构图如图 1 所示。

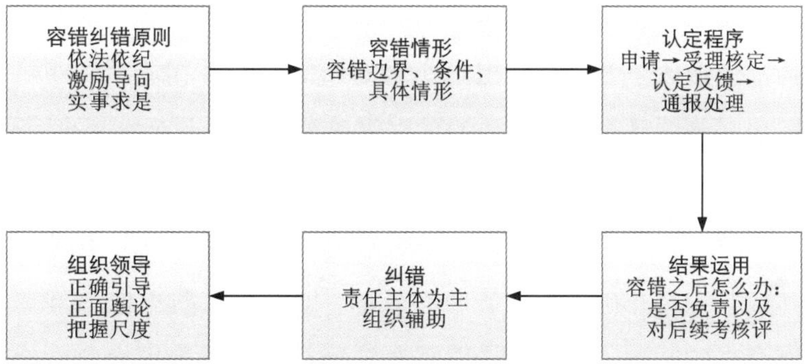

图 1　国家级新区现有的容错纠错机制框架结构图

资料来源：作者根据各新区容错纠错文件总结制作。

新区现行的容错纠错机制遵循国家容错纠错机制的基本原则，同时根据地方发展实际规定了容错的具体情形。通过对比不同国家级新区的规定可以看出，容错的具体情形在制定时即暗含了发展导向，除了明确符合"三个区分开来"的各种情形外还包括某地未来一段时间想要重点发展的特色领域或急需取得突破性进展的工作领域。2019年底，国务院办公厅发布的《指导意见》也再次强调了新区要突出优势和特色产业的问题，提高新区发展的专业化水平。例如，长春新区在容错具体情形中就指出在加强社会治理、公共安全、行政执法等应急现场处理工作中未履职尽责、严格管理，紧急处理时出现一定失误的可以予以从轻或免除问责，体现出长春新区在当前建设实践中对通过社会治理创新解决社会问题和满足社会需求的重视。在容错免责的认定程序上各新区也大同小异，基本遵循申请、审核、核实、反馈以及认定完成后的结果运用，对申请容错免责的事件进行处理。在结果的运用上概括起来就是如下三种情况：经认定确认予以容错免责的，其绩效考核、晋升奖励、评奖评优不受影响；予以容错但是不能免责的，根据情况进行从轻处理或减责；不能予以容错免责的，按照程序进行纠错问责。但是无论是哪种情况，责任主体都要积极主动地采取措施纠正工作失误，同时所在单位要及时协助责任主体进行纠错，对纠错的效果进行督查和检验。容错纠错制度要想取得成效，需要进行强有力的组织领导，在组织内部自上而下地形成争相创新、担当作为的组织氛围。相关部门对容错的尺度和界限也必须明确把握，从而消除大家改革创新、担当作为的后顾之忧。

2. 国家级新区容错纠错机制建设的优势、短板、机遇和困境分析

总体来看，目前国家级新区容错纠错机制在条件、程序、结果运用等方面基本达成共识，机制建设具备基本雏形，但是在实践中依然暴露出很多现有机制存在的问题。因此，我们需要深化对国家级新区容错纠错机制建设的研究，通过机制建设来突破发展瓶颈，发挥新区的引领带动作用。下文将对国家级新区容错纠错机制建设的优势、短板、机遇和困境进行分析，发掘其机制建设的可行性和必要性。

(1) 国家级新区容错纠错机制建设的优势。

体制机制优势是国家级新区容错纠错机制建设的一个重要条件。当前大多数新区的管理体制为管委会型，机构设置非常精简，职能定位也很聚焦，体制灵活性很强，这使得新区具备体制创新的优势。对于国家级新区

的容错纠错机制建设而言，即使此前已经有了较为固定的容错纠错模式，但是得益于体制机制优势，国家级新区可以根据机制的实践情况灵活迅速地对容错纠错机制进行调整和创新。

区位条件是国家级新区容错纠错机制建设的另一个重要优势。当前的19个国家级新区基本都位于具备一定经济实力或发展潜力的大城市中，能够为容错纠错机制创新提供财力、物力乃至智力上的支持，具有承担机制创新后果的试错资本。

（2）国家级新区容错纠错机制建设的短板。

当前19个国家级新区容错纠错机制建设程度不一，广东南沙新区、贵州贵安新区、青岛西海岸新区等早在2016年就出台了较为完善的容错纠错政策文件，其他新区也先后出台相关政策，但是也有个别新区尚未出台完整的容错纠错文件，更没有进行相关的制度实践。因此，在国家级新区现有的容错纠错机制建设背景下，较早开展容错纠错机制实践的新区可能优先进行机制的创新建设，进而可能会导致新区间的整体发展差距拉大。在进行容错纠错机制建设的过程中，为了保证整体机制的可推广性，需要综合考虑不同新区的发展情况，这给国家级新区容错纠错机制的建设提出了更高的要求。

（3）国家级新区容错纠错机制建设的机遇。

作为承担着国家重大发展和改革开放战略任务的综合功能区，国家级新区从筹划建立开始就得到了国家的重视和扶持，普遍实行更加开放和优惠的特殊政策。2019年底，国务院办公厅发布《指导意见》，明确指出要建立健全国家级新区的激励机制和容错纠错机制，鼓励新区进行各项制度改革与创新的探索工作。因此，国家级新区进行容错纠错机制的建设是国家层面的重要战略部署，要牢牢把握这一机遇做好容错纠错机制的顶层设计。

（4）国家级新区容错纠错机制建设的困境。

结合天津滨海新区、浙江舟山群岛新区、贵州贵安新区、四川天府新区、长春新区、哈尔滨新区的容错纠错文件以及关于各个新区容错纠错的相关新闻报道，不难发现，当前国家级新区容错纠错机制建设还面临着现有的容错纠错政策文本在容错免责情形的界定上宽严尺度把握不一致、容错免责限度与问责力度的关系处理不规范、纠错机制及相关配套机制建设不完善、容错纠错机制落地难等现实困境。

综合上述分析，国家级新区容错纠错机制建设已经具备政策、区位和体制机制等成熟的优势条件，同时也面临着一些现实困境，亟须加快容错纠错机制建设的步伐。下一步，我们需要从理论和实际出发，探索容错纠错机制建设的新形式，在机制建设过程中做到化解问题于无形，同时更进一步促进新区容错纠错机制的完善和推广。

三、三环学习模式

三环学习（three-loop learning）是组织学习的一种模式。组织学习是组织不断努力改变或重新设计自身以适应不断变化的环境的过程，是组织的创新过程。[6]根据学习的深度不同，组织学习分为单环学习、双环学习和三环学习。在 Flood 的研究中，所谓单环学习是指具有三个单独的循环类型，每一种类型重点关注的问题都不相同：第一种循环强调过程的安排和设计，即我们怎么去做；第二种循环强调对组织过程和结构安排的设计进行辩论，通过"我们应该做什么"的反思进行重新定义和再安排再设计；第三种循环则侧重于"我们为什么这样做"。[7]Georges 等则将单环学习定义为面对问题做出简单的适应和采取纠正行动。Georges 等还创造性地提出了"零环学习"的概念，即在组织环境中，当新的命令或问题出现，而成员们没有采取措施实施命令或解决问题的一种情形。双环学习则强调一种重新架构，即学习如何以全新的方式看待事物。[8]三环学习作为最具深度的一种学习方式，可以说它是在单环学习和双环学习的基础上建构起来的，并且关于三环学习模式的界定也十分多样。

学者们一般都将三环学习与单环学习和双环学习一起作为一个整体进行综合研究。通过 Flood 对于三种单循环学习的研究，我们可以看出每一种类型的单循环学习都有其缺陷，在这样的学习模式下，组织内要么产生目标互斥的情况要么不能很好地融合，因此，要将三种类型的单环学习结合在一起，将三个问题综合考虑，构造起三环学习的轮廓。国内也有学者对三环学习模式做了类似于 Flood 的界定，戴万稳认为三环学习是在单环学习关注"是否做对了"和双环学习通过理性思考反思"做得是否对"的基础上，关注"是否能参与战略、目标等的变革"这一更高层次问题的一种学习形式。[9] Georges 等对三环学习模式的界定得到了学者们较为广泛的认同，他们认为三环学习是借助成员的集体智慧，开发新的过程或方法，以达到整体重新架构的一种学习形式。Smith 的三环学习模式则强调焦点、意愿和能力三者必须均衡发展才能克服组织的学习智障，取得战略性的成果。[10]总体而言，学界目前关于三环学习模式的研究还是零散的和不成体系的，对于三环学习模式的界定还没有一个十分统一的意见。我国学者金光熙在以往关于组织学习的研究的基础上，对三环学习模式进行了系统化的梳理和建构。他认为，三环学习模式是在双环的基础上建构起来的，由计划、行动、评价、理解、修正、总结、提炼、交流八个要素构成，以实现知识共享，将个人的、零散的、内在的、隐性的知识转化为社会的、合并的、外在的、显性的知识。[11]在此基础上继续指导反思与实践，形成一种波浪式前进、螺旋式上升的学习过程。这一模式的主要特点是能够做到在实践中反思、在反思中升华，同时又十分强调知识的生成和共享，因此对于指导改革创新具有十分重要的作用，本研究主要以金光熙的研究作为指导国家级新区容错纠错机制创新的理论基础。

另外，现有的研究表明，三环学习模式在应用领域上也十分广泛，其可以应用于企业管理的各种组织、过程或事物上，如从三环学习模式的角度提出培育组织学习的人力资源管理策略和危机管理策略等。突尼斯的一家纺织企业就在危机过后利用三环学习模式保证企业的生存和延续。在我国，吴先华等则强调采用三环学习模式进行危机知识管理：首先，在危机知识生成管理中，我们从企业内部、外部获得并创造知识；其次，在企业内部建立跨职能部门的扁平化组织结构，使得个人对危机思考的心智模式转变为组织共享的心智模式；最后，建立企业危机文化和环境，提高人们对企业危机的重视程度，促使危机知识更好地融汇、碰撞，从而产生新的知识。[12]三环学习模式的应用领域不是单一的和固定的，只要在正确理解的基础上加以运用，三环学习模式才会发挥意想不到的作用。因此，本研究将三环学习模式应用于指导国家级新区容错纠错机制建设上，基于该模式对容错纠错机制如何实现系统化建构进行详细的设计和梳理。

四、基于三环学习模式的国家级新区容错纠错机制建设

在十三五的收官之年和全面建成小康社会的关键时期，我们势必会面对各种各样的风险和挑战，需要建构起更为完善的容错纠错机制来增强抵御改革过程中不确定性风险的能力。机制一般表现为相对稳定的互动关系，或者是一种相对稳定的工作方式和运行过程。[13]具体而言，就是希望各地先建立起相对完善的容错纠错机制实施办法，同时在进行容错纠错机制建设的过程中通过组织学习，与其所处的复杂环境互动交融，不断提高容错纠错机制对千变万化的环境的适应能力，从而达到上述的动态稳定关系，在此基础上，寻求容错纠错机制在更大范围上的推广和共享。国家级新区作为改革发展的排头兵，更需要在容错纠错机制的建设上先试先行。

(一) 模型构建

我们以三环学习模式为理论基础，对国家级新区容错纠错机制建设进行系统化思考，从而让机制在实践中能够真正发挥作用，具体如图 2 所示。

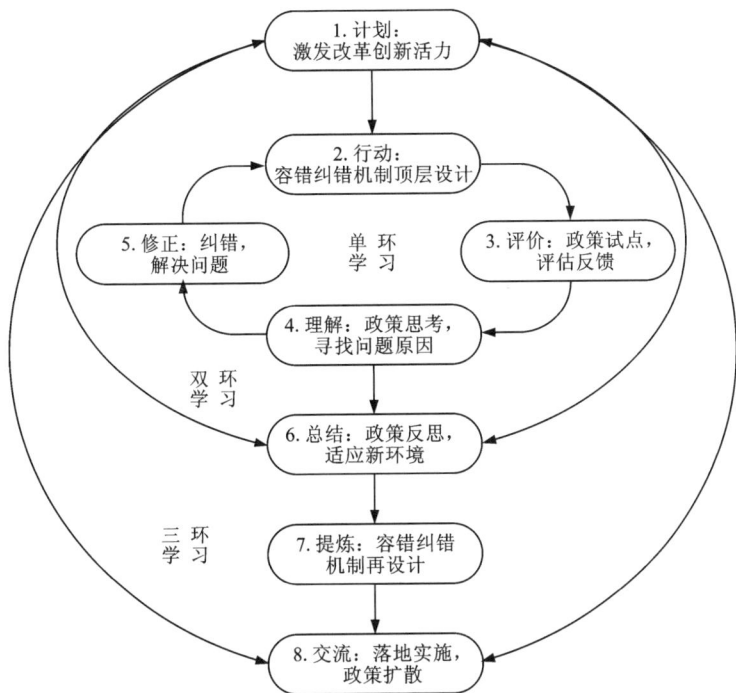

图 2　容错纠错机制的三环学习模式图

资料来源：作者自制。

　　我们旨在基于三环学习模式的 8 个基本要素，研究如何构建起一个容错纠错机制从顶层设计到制度扩散的完整闭环。首先是提出计划，明确建立容错纠错机制的目标，即激发改革创新活力和干部干事创业的热情。在此基础上进行机制的顶层设计，形成容错纠错机制的基本方案。对于国家级新区而言，机制建立以后即可在新区范围内进行尝试，在实践中发现现有机制存在的问题，并思考对策解决问题，进而以优化后的机制再次投入实践，这就构成了单环学习的过程。双环学习的过程包括理解—总结—计划，不再满足于仅仅是纠正实践中出现的问题，而是对现行的容错纠错机制进行反思，用新的思维方式指导容错纠错机制的完善，再次重复单环学习过程，从而实现机制的动态运行。第三个学习循环开始于第二个循环的总结环节，包括总结—提炼—交流，完成后即开始新一轮的循环。如果说双环学习过程注重实践基础上的反思，那么三环学习则强调的是反思基础上的升华，对容错纠错机制进行全新的再设计，将其完善并落地推广到全国，从而在更大的范围内指导实践，实现机制的交流共享。

(二)三环学习在容错纠错机制建设上的具体运用

从图2可以看出，从单环、双环学习再到三环学习，是一个逐渐深入和递进的过程，缺少任何一环都将会使容错纠错机制的构建达不到理想效果，因此在每一环上的侧重点都有所不同，都需要周密的设计和稳步的推进。

1.单环学习——关注容错纠错机制本身的问题

单环学习涉及容错纠错机制初步建构的全过程，包括对象界定、容错认定、结果运用、实施纠错等方面。当前的实践已基本完成容错纠错机制的初步建构，也暴露出当前机制存在的一些问题，单环学习过程所要达到的目标就是点对点地、有针对性地解决实践中出现的问题，具体而言就是要做到如下几个方面：

(1)明确容错纠错的边界和尺度。容错不是纵容犯错，容错免责的情形描述越明确、越详细，就越能避免一些人犯了不能纳入容错范围的错误，却试图通过容错机制避免责任追究的事情发生。第一，明确规定不能容错的情形，也就是规定好容错的边界。在这一方面，可以借鉴长春新区的容错纠错办法规定的"一票否决"的情形，即重大决策失误不能容错。对于重大决策失误的界定，目前还没有完全统一的标准，从增加法律可操作性的角度出发，法学界多主张在成文法中对重大决策做列举性规定。[3]各地结合实际情况也在地方立法中对相关情形进行列举，用法治化的手段明确容错纠错机制的尺度。第二，明确容错结果运用的标准。对容错纠错尺度的把握不仅包括对能否容错的把握，同时也包括在容错认定后结果运用上的把握，即到底是完全容错免责还是需要容错减责甚至是纠错问责。这一点需要考虑决策失误的程度，对于决策失误程度的判断可供参考的标准为"共存"，即共同的安全与存在。共存的内容主要有三个：第一个是个体生命、健康的保障；第二个是社会共同体的存续，包括公共安全、社会发展必需的物质基础、环境安全等；第三个是国家共同体的安全与存续（国家安全）。[3]以此为基础进行判断，牢记容错纠错机制建立的初衷，符合免责情形的要免责，不能免责的要视违反"共存"的程度进行责任追究。

（2）构建系统化的纠错机制。容错纠错机制的建立是一项系统工程，容错机制有明确的适用对象、情形、申请程序，那么纠错机制也应该有明确的情形和完整的流程，从而能够在错误发生之后及时通过纠错来进行善后。纠错机制应该对各种可能的情形进行分类处理，在当前新区的相关政策文本中，尚未对纠错机制进行系统的梳理和建构。首先，要建立完整的纠错流程，如图3所示。

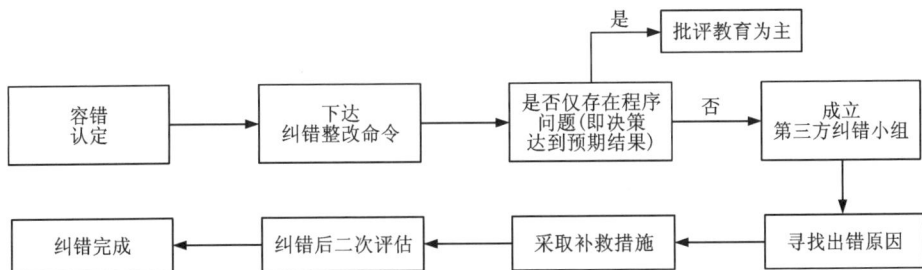

图3　纠错机制流程图

资料来源：作者自制。

对于那些已经达到了改革创新政策的预期目标但是在执行中违反程序公平的情形，在认定容错之后，所采取的纠错手段应该是以批评教育为主；对于那些程序错误，同时结果也是消极的事件，应正常启动纠错整改程序；对于那些不仅违反程序，同时也违反党纪国法的决策，不仅要纠错整改，而且要进行问责。依法治国不允许存在灰色地带，容错纠错机制在建构中也应牢牢把握这个原则。为了更好地实现纠错、保证容错纠错机制的公平性，无论是个人还是组织的决策失误，都可以引入第三方来主导纠错程序，对错误的原因进行判定，并在第三方的指导下完成纠错，这样不仅能够保证公平，而且能够避免自行盲目纠错导致的二次失误。

2. 双环学习——关注内外部环境对容错纠错机制的影响

容错纠错机制的建设是一项系统工程，现实问题的解决、配套机制的建设仅依靠单环学习过程不能完全实现。因此，在容错纠错机制中，双环学习过程对现有机制进行审视和反思后将关注点放在内外环境对机制稳定性的影响上。在建设容错纠错机制时应做到"瞻前顾后"，抓好各项配套机制的建设，从而实现机制的动态更新和稳定运行。

（1）瞻前——建立防错机制，重视事前防范。容错纠错机制建立的目的是激励改革创新和干部担当作为，让大家在面对新环境和新挑战时能够敢想敢做，实质上就是在应对社会环境变化、迎接风险和挑战时采取的一种被动防护措施。容错纠错机制对鼓励创新和干事创业确有作用，但是更为有效和重要的是如何防止错误发生。因此，我们要化被动为主动，通过建立防错机制，预测将会面临的风险，提前做出警示。在改革创新过程中，要及时掌握相关单位或个人出现工作失误或过错的情况，找出易错风险点并有针对性地研究、分析、总结这些失误或者错误产生的原因，采取各种措施予以警示提醒，以防止类似失误或者错误再发生，切实做到"无问题早防范，有问题早发现，一般问题早纠正，严重问题早查处"。[14]

（2）顾后——重视配套机制的建设。首要任务是消解外界对责任主体的误解。容错纠错机制的启用是在过错发生之后，因此，人民大众对于那些经认定予以容错免责的干部很容易产生"为什么这个人犯错了却没有受到处分"的疑问，所以我们需要建立"容错纠错事项社会公示"制度，在不泄露国家机密的前提下，通过各种类型的大众传媒向社会全过程公开相关事项，既能引导社会舆论，增强人民大众对于政策的理解，又能在人民心目中树立担当作为的干部形象，这对于进一步激励干部做出改革创新举措有正向的激励作用。对于责任主体自身而言，任何对于他自身行为的判断都或多或少地带有主观性，为了增强机制的公平性，要健全"澄清保护机制"，既要允许当事人为保护自己的合法权益积极申诉，确保组织对事故责任的核查和判定公正无误，对查无实据、反映不实的问题，要及时澄清是非，减轻对责任主体的不良影响；又要完善"关心关爱机制"，通过上级谈话和定期回访，缓解责任主体的心理压力，消除他们的顾虑，在以后的工作中仍能保持敢想敢为的工作作风；更要注重对创新成果的保护，健全知识产权的创造、运用、管理、保护机制，不仅加强对新区科研机构和科技企业创新成果的保护而且也加强那些对容错纠错机制进行创新设计、增强机制运行有效性的成果的保护，持续增创体制机制新优势。

其次是要做到"温故而知新"，通过编写容错纠错案例库的形式对以往的容错纠错案例进行备案。在具体实践中，案例的撰写也是有章可循的，为了保证案例库借鉴启示功能的发挥，在编写时要对相关案例的发生背景、具体情形、处理结果、纠错方式进行系统完整的叙述。同时，组织内部相关人员要像召开组织生活会一样定期对案例进行研讨和学习，在一次次复盘中发现现有容错纠错机制存在的问题，及时对容错纠错机制实施条例进行增删改或者通过完善配套机制的形式来解决问题。

3. 三环学习——关注机制的落实和推广

对于学习过程而言，仅有单环学习和双环学习而没有知识的生成和共享就不能称为一个完整的学习过程。同样的，对于容错纠错机制而言，实现容错纠错机制在更大范围上的落实和推广，不仅有益于解决机制落地实施困难的现实问题，而且有助于我们实现基于三环学习模式构建容错纠错机制的高层次目标。

(1) 加强舆论引导和教育学习，创造包容性的文化氛围。舆论对容错纠错机制的引导有两个具体的引导方向：第一个是使广大干部群众了解到容错纠错机制的存在。通过主流媒体和组织宣传扩大容错纠错机制的覆盖人群并通过分享典型成功案例的形式使人们形成关于容错纠错机制的具象化的认识。第二个是在了解容错纠错机制基础上加强对容错纠错机制的理解。容错纠错机制既不是纵容犯错，也不是个人犯错后钻制度空子的借口，更不是为了"引蛇出洞"的钓鱼执法，而是为在改革创新过程中敢想敢为、担当作为、为国家社会发展做出贡献的人亮绿灯。可以通过教育学习的形式来帮助人们理解容错纠错机制，采取理论教育和实践教育相结合的形式。理论教育即政策学习，实践教育则是通过设置具体的情景，让广大干部群众判断这种情形能否纳入容错范围，以及该采取怎样的措施来纠错，同时思考再次面对类似的情况时，有没有更好的办法来解决问题。通过反复的教育学习，形成深刻的印象，可以有效加强干部群众对容错纠错机制的理解和运用，从而促使全社会形成改革创新、开放包容的社会心态和舆论氛围，为容错纠错机制作用发挥营造良好的社会环境。[4]

(2)建立健全对权力的制约和监督机制。[5]任何一项制度在推广之前都要先落实，如果容错纠错机制成为"墙上画大饼"，又何谈落实？因此我们要防止官僚主义、形式主义等不良作风对容错纠错机制的侵蚀，这主要表现为某些领导干部借助容错纠错机制推卸责任，让下级为自己的决策错误承担责任或是对"自己人"无底线的宽容。所以，需要加强对权力的制约和监督，将权力关进制度的笼子里，审慎选择容错纠错的实施主体，下级出现问题时其直接上级也应作为相关人员一起接受调查，同时要引入第三方来主导容错纠错工作，对面临的情形做出科学的判定和公平的处理。在第三方的选择上也应有严格的限制，必须满足的基本条件是第三方小组成员跟责任主体没有利益关系或亲缘关系、有相关领域的工作人员和其他组织机构负责容错纠错工作的相关人员。只有做到这些，容错纠错机制才能在制度设计已经相对成熟的基础上，不受权力的压迫流于形式而真正得以落实。

(3)搭建交流和共享的平台。上文中提到过，容错纠错机制追求的是一种动态稳定，因此在适应环境变化的过程中势必会出现更多更新、更好的做法。容错纠错机制在包容的文化氛围中落到实处的同时要关注机制的推广和共享问题。当前我国19个国家级新区容错纠错机制的建设情况差别很大，有的很早就出台实施办法并且创造了很多好的做法，如湖南湘江新区的"五位一体"、吉林长春新区的"首违不罚"、广东南沙新区的"正负面清单"等，然而有的新区还尚未出台完整的容错纠错政策文件。因此，不同新区之间互通有无、沟通交流是容错纠错机制实现共享的重要一步。这一时期需要实现的是将优秀的经验做法大范围的推广，如通过一些受众较广的平台如"学习强国"App对一些先进典型事例进行推荐，让更多的人了解到这些优秀案例。在此基础上进行有针对性的定点交流和推广，其他地区的人了解到某地的容错纠错办法后，如果觉得值得借鉴学习就应该发起主动的沟通交流，可以由组织层面出面进行接洽，进而实现两地更进一步的交流共享。由此可以看出，实现容错纠错机制交流共享的关键是要做到内外联动，"内"要增强自身学习的主动性和提高主动学习的能力，不错漏任何一点可供容错纠错机制建设借鉴的经验，从而更好地助力新区发展；"外"要依托现代化的技术和设备搭建政策实时的交互平台，让大家能够及时分享自己的经验做法。

五、结语

国家级新区容错纠错机制的建设是一项复杂且艰巨的系统工程，需要上下联动、多方协同。三环学习模式构建了从机制的顶层设计、落地实施和完善推广的完整闭环，从而有利于修正和完善容错纠错机制、增强机制对复杂社会环境的动态适应性、增进广大干部群众对于容错纠错机制的理解、加速机制的落地推广，对于容错纠错机制的系统化建构具有十分重要的意义。

在十三五收官之年和决胜全面建成小康社会这一关键时期，承担着国家重大发展和改革开放战略任务的国家级新区须加快容错机制的建设，完善相关配套机制，深化容错纠错机制的运用，从而充分调动起广大新区干部干事创业的积极性，营造出锐意进取、改革创新、担当作为、合理容错的良好氛围，加强改革系统集成，扩大高水平开放，打造实体经济发展高地，引领高质量发展，助推国家级新区在经济建设和国家各项改革开放事业中做出更大的贡献，成为经济发展和社会改革的"排头兵"和"试验田"。

本文主要是从学理角度对容错纠错机制应然状态进行了一种系统化构想，在构建这样一种理想状态的过程中尽可能地兼顾了具体措施的可操作性，但仍不可避免地存在着一些问题。因此，结合具体的案例做深度的分析，从实然角度进一步论证相关观点是接下来我们在国家级新区容错纠错机制建设这一领域应该努力的方向。

参考文献

[1]360 百科. 国家级新区[EB/OL]. [2021-01-01]. https：//baike. so. com/doc/5412327-5650453. html.

[2]国务院办公厅.国务院办公厅关于支持国家级新区深化改革创新加快推动高质量发展的指导意见[EB/OL]. (2020-01-17). http：//www. gov. cn/zhengce/content/2020-01/17/content_5470203. htm

[3]郎佩娟.容错纠错机制的可能风险与管控路径[J].人民论坛, 2016(11)：21-23.

[4]李蕊.容错机制的建构及完善——基于政策文本的分析[J].社会主义研究, 2017(02)：89-96.

[5]黎青.容错机制缘何成了"墙上画大饼"？[N].济南日报, 2020-08-04(2).

[6]陈国权，马萌.组织学习——现状与展望[J].中国管理科学, 2000(01)：66-74.

[7]FLOOD R L, ROMM N R A. Contours of diversity management and triple loop learning[J]. Kybernetes, 1996, 25(7/8)：154-163.

[8]ROMME A G L, WITTELOOSTUIJN A V. Circular organizing and triple loop learning[J]. Jornal of Organizational Change Management, 1999, 12(5)：439-454.

[9]戴万稳.论组织学习过程[J].现代管理科学, 2005(06)：46-47.

[10]许学国，彭正龙，尤建新.全球化背景下的组织间学习模式研究[J].管理科学, 2004(04)：31-37.

[11]金光熙.组织学习的 3 环学习模式[J].现代企业教育, 2005(04)：16-19

［12］郭际，吴先华，李南.企业危机管理、组织学习和知识管理的战略整合［J］.科学学与科
　　　学技术管理，2007（03）：120-125.

［13］毕宏音.从各地试水看"容错纠错机制"的系统建构［J］.人民论坛，2016（11）：15-17.

［14］陈朋发.试论改革创新中容错纠错机制的构建［J］.行政与法，2017（03）：7-13.

海南自贸港建设背景下的容错纠错机制构建与创新

张礼祥　蒋丹琪①

摘要：习近平总书记在海南发表"4·13"重要讲话后，海南迎来建立自由贸易试验区和中国特色自由贸易港的重大发展机遇，为给干部改革创新撑腰鼓劲，强调要在全省范围内构建容错纠错机制。本文以海南已有容错纠错机制为分析样本，从容错纠错机制的制定、实施和后续效果等角度出发，揭示目前存在容错对象模糊、条款细化不足、典型案例缺乏、与自贸港建设联系不紧密等主要问题，针对这些问题，从集成创新容错纠错制度、动态建立容错纠错清单、注重收集推广典型案例、重点创新领域先行先试等方面，对如何提升海南容错纠错机制科学化法制化一体化程度，增强容错纠错机制保护鼓励干部改革创新实效提出一些对策建议。

关键词：海南自贸港　容错纠错　构建　创新

---

① **作者简介**：张礼祥，海南大学政治与公共管理学院副教授，硕士生导师；蒋丹琪，海南省救助管理站一级科员，海南大学公共管理硕士研究生

"容错纠错机制"一词最早出现在 2016 年政府工作报告中。政府工作报告提出要通过容错纠错机制给改革创新者撑腰鼓劲，让广大干部愿干事、敢干事、能干成事。党的十八大以来，中央层面始终倡导探索建立和完善干部容错机制。习近平总书记多次强调，要保护那些作风正派又敢作敢为、锐意进取的干部。容错纠错机制也可以理解为当党政机关及其工作人员在改革创新过程中未能实现预期目标或出现偏差失误，但符合法律法规和政策，未谋取私利，无主观故意且能及时纠错改正时，可免除相关责任或从轻、减轻处理的一种机制。建立健全包容错误、激励创新、鼓励作为的容错纠错机制，对推动海南自贸港建设有重要的现实意义。

一、海南自由贸易港构建容错纠错机制的必要性

(一)海南自由贸易港建设的政治要求

2018 年 4 月 13 日，习近平总书记在庆祝海南建省办经济特区 30 周年大会上发表重要讲话(以下简称"4·13"重要讲话)，宣布党中央支持海南全岛建设自由贸易试验区，支持海南逐步探索、稳步推进中国特色自由贸易港建设，分步骤、分阶段建立自由贸易港政策和制度体系，并在《中共中央　国务院关于支持海南全面深化改革开放的指导意见》的保障措施中明确提出要"完善体现新发展理念和正确政绩观要求的干部考核评价体系，建立激励机制和容错纠错机制，旗帜鲜明地为敢于担当、踏实做事、不谋私利的干部撑腰鼓劲"。中共中央、国务院在 2020 年 6 月 1 日印发的《海南自由贸易港建设总体方案》中的组织实施部分，再次强调要建立激励机制和容错纠错机制。可见，构建容错纠错机制本就是海南自贸港建设的必然要求。海南省委在 2020 年 6 月 11 日通过的关于贯彻落实《海南自由贸易港建

设总体方案》的决定中，也把"坚持'三个区分开来'①，建立健全容错纠错机制，为担当者担当，让履职者尽责，让能干的上位、不能干的让位、乱干的被问责"写入重点任务。

（二）发挥海南引领示范作用的必要条件

放眼全球，海南自由贸易港模式是独一无二的，是一种新型的"港+产+岛+网+制"的综合型、高水平的自贸区模式，这对于海南来说，既是一次重大发展机遇，也是一次前所未有的挑战，要自主攻克大量空白领域，突破现有的法律法规和体制机制的制约，例如探索建立"一线"放开②、"二线"管住③的自由贸易港政策制度体系，率先试点调整行政法规规定④等。近年来，国家陆续批准建立了18个自由贸易试验区，但在贸易保护主义抬头的形势下，"单兵突进""微创新"的模式，已很难满足高水平开放、高质量发展的新时代要求，需要海南成为发挥改革系统集成作用的试验田，给国内其他自由贸易试验区蹚出一条新路。"试验田"即代表着创新和试错，要允许海南在创新过程中出现的风险和失败，宽容改革和探索中的失误，为改革发展留出弹性空间、助力海南自贸港在国内形成头雁效应。

---

① 2016年1月18日，习近平总书记在2016年省部级主要领导干部贯彻党的十八届五中全会精神专题研讨班上的讲话中指出，要把干部在推进改革中因缺乏经验、先行先试出现的失误和错误，同明知故犯的违纪违法行为区分开来；把上级尚无明确限制的探索性试验中的失误和错误，同上级明令禁止后依然我行我素的违纪违法行为区分开来；把为推动发展的无意过失，同为谋取私利的违纪违法行为区分开来。

② "一线"放开，是指境外及区内的货物可以不受海关监管自由出入境，即自贸区（港）与境外实现货物、资金和人员等要素自由流动。

③ "二线"管住，是指从自贸区（港）出入国境内其他区域的货物，纳入全国海关通关一体化，实行常规监管，要征收相应的税收，并纳入贸易统计。

④ 国务院决定即日起至2024年12月31日，在中国（海南）自由贸易试验区暂时调整实施《中华人民共和国海关事务担保条例》、《中华人民共和国进出口关税条例》、《中华人民共和国国际海运条例》、《中华人民共和国船舶和海上设施检验条例》和《国内水路运输管理条例》5部行政法规的有关规定。

(三) 激励干部新担当新作为的迫切需要

海南自贸港归根到底需要人才来建设，需要的是一批敢想敢干的改革实干家。现行"上面千条线，下面一根针"的金字塔形组织架构，导致越往基层的领导干部面对的工作任务越重、问责压力越大，如果做错的损失远大于不做的损失，就很可能产生避责行为。在海南省 2019 年度干部考核工作中，已有部分市县反映在现有干部问责制度和改革创新工作的双重压力下，中层领导干部后继乏力，面对艰巨繁重的改革发展任务宁愿抛弃政治晋升的机会。对于各级领导干部来说，"敢闯敢试敢为人先"的口号喊得再响亮，也不及容错纠错机制的撑腰来得有力。海南自贸港建设急不得更慢不得，一套有效的容错纠错机制可以为干部发挥作用、施展才华提供更加广阔的空间，减少在重要工作、关键节点上冲锋陷阵、放手一搏的顾虑，推动更快速度、更高质量地建成海南自贸港。

二、海南现行容错纠错机制分析

(一) 省级层面：宏观有余微观不足

继中共中央办公厅印发《关于进一步激励广大干部新时代新担当新作为的意见》后，2018 年 7 月海南省出台了《关于在海南全面深化改革开放中激励干部新担当新作为的实施意见》，在坚持"三个区分开来"的基础上进一步提出坚持"三个有利于"——有利于加强和完善党的领导、有利于增强中国特色社会主义优越性、有利于加快推进海南自由贸易试验区和中国特色自由贸易港建设，并要求在程序和预防方面建立澄清保护干部机制、改革风险防控和备案制度，但仍然停留在宏观层面的原则性要求上，对具体容错纠错情形未作出细化说明，不能作为下级政府部门在操作层面上的政策尺标。

（二）市县层面：围绕中心各展其能

海南省共有 19 个市县，可查询到对外公开容错纠错机制的只有 9 个市县。这些市县制定的容错纠错办法虽然情形各不相同，但基本遵循了以下六条标准：一是不能越过法律，各市县均明确适用于"法律法规没有明令禁止的"情形。二是服从上级部署，是在落实党委、政府决策部署中，出现工作失误和偏差，经过民主决策程序，无谋取私利行为，且积极主动消除影响或挽回损失的。三是优先遵循先例，只有确无先例可循、先行先试或应对突发应急事件时，出现探索性失误或未达到预期效果的情形才纳入容错范围。四是未造成重大损失，各市县都用"一定"来形容容错情形导致的后果，对造成重大损失或影响的依然要进行追责。五是执行容错程序，符合容错免责条件的单位或个人，一般要经过申请、核实、认定、暂缓、公开、报备等容错程序。六是明确了不适用容错的情形。

海南省各市县对外公开容错纠错机制情况如表 1 所示。

表 1　海南省各市县对外公开容错纠错机制情况统计表

市县	容错纠错机制	出台时间	范围
文昌市	《文昌市党政干部容错纠错实施办法（试行）》	2017 年 7 月	9 种情形
白沙黎族自治县	《白沙黎族自治县容错纠错实施办法（试行）》	2017 年 9 月	16 种情形
海口市美兰区	《海口市美兰区党员干部容错纠错实施办法（试行）》	2017 年 10 月	8 种情形
琼海市	《琼海市干事创业容错免责实施办法》	2017 年 12 月	6 种情形
东方市	《干部干事创业容错纠错实施办法（试行）》	2018 年 4 月	16 种情形
澄迈县	《澄迈县党员干部和公职人员容错纠错实施办法（试行）》	2018 年 12 月	10 种情形
儋州市	《儋州市党政领导干部容错纠错实施办法（试行）》	2019 年	未公开
三亚市	《建立健全容错纠错机制实施办法（试行）》	2020 年 6 月	6 种情形

续表1

市县	容错纠错机制	出台时间	范围
陵水黎族自治县	《陵水黎族自治县容错纠错工作办法(试行)》	2020 年 8 月	6 种情形

(资料来源：政府公开新闻报道)

在内容设计上，后出台容错纠错机制的市县有向前者参考借鉴和整合完善的特点。从创新和亮点方面来看，文昌市是海南省内唯一能通过网络查询到容错纠错实施办法全文的市县，把推进重大项目、着眼提高效率、解决历史遗留问题等具体情形纳入容错范围，并对可容错和不可容错的情形预留了弹性空间。白沙黎族自治县、东方市结合工作实际，细化出 16 种容错纠错情形，但未查询到具体内容。海口市美兰区将容错重点工作具体细化到"双创"、征地、棚改、打违控违等工作。琼海市规定的不得"容错免责"的情况①更加具体和贴合工作实际，但没有给容错和不容从情形留出弹性空间。澄迈县用"1+4"系列文件②形成干部管理制度链条，化单一办法为制度体系。三亚市扩大了容错的适用范围，把法定机构等具有公共事务管理职能的单位及其工作人员都覆盖进来，同时设立"非禁即入"的兜底条款。

(三) 省直层面：融于工作少有成文

目前，海南只有较少省直部门出台了关于容错纠错机制的政策文件，如海南省审计厅于 2020 年 5 月印发的《关于建立审计容错免责机制的指导

---

① 《琼海市干事创业容错免责实施办法》规定有三种情况不得以"容错免责"为由免予责任追究或者从轻、减轻处理：引发重特大安全责任事故，以及严重环境污染、生态破坏等责任事故、食品药品安全事故的；引发重特大群体性事件，造成严重损失和恶劣社会影响的；因个人主观原因重复出现失误和问题的。

② "1"指《澄迈县在全面深化改革开放中激励干部新担当新作为的实施意见》，"4"指《澄迈县党员干部和公职人员容错纠错实施办法(试行)》《澄迈县关于进一步激励干部在基层一线新担当新作为的十条措施》《关于加强和改进干部挂职锻炼工作的意见》《澄迈县纪检监察系统失实信访举报澄清办法(试行)》。

意见(试行)》,列出了 10 种容错免责适用情形。大多数部门一般将容错纠错的要求融合在各项工作部署中,如 2019 年 12 月,海南省工信厅提出将在区块链和数字资产交易方面引入"监管沙盒"模式建立容错纠错机制。同月,海南省交通运输厅等 12 个部门印发《海南省共享出行试点实施方案(2019—2025 年)》(琼交运输〔2019〕624 号),提出将由省直有关各部门牵头建立完善共享出行容错纠错机制。2020 年 4 月,海南省国资委为做好本系统"十四五"发展规划,启动"鼓励创新和容错机制研究"调研课题。2020 年 7 月,海南省公安厅在"坚持政治建警全面从严治警"教育整顿活动中提出要健全完善容错纠错机制,增强党员干部创一流营商环境的决心和信心。2020 年 9 月,海南省民政厅、海南省财政厅在《关于全面加强困难群众基本生活保障工作的通知》(琼民发〔2020〕3 号)中明确要建立社会救助容错纠错机制,并细化了两类免责情形。

三、海南自由贸易港建设下容错纠错机制的实践困境

(一)容错对象模糊

一是适用对象不统一。在各级容错纠错实施意见和办法中,海南省面向所有干部,各市县面向有关单位和个人,其中,文昌市、儋州市所指的党政干部、党政领导干部一般认为是科级以上党政领导干部;白沙黎族自治县在有关报道①中指向基层党员干部;琼海市没有明确适用对象,在全市各党政机关、司法机关、各企业、事业单位和人民团体试行;海口市美兰区、澄迈县、三亚市放宽至一般干部。二是激励层级不明确。海南政府管理是自上而下的单向式的责任模式,这种"压力型体制"是造成领导干部不敢、不愿创新的主要原因。即便存在容错纠错机制,只要上级部门对某项工作

---

① 在 2018 年 9 月 12 日的《海南日报》上,《白沙黎族自治县纪委监委强化扶贫领域监督执纪问责》一文提到:为充分调动基层党员干部干事创业的积极性,白沙积极谋划,为想干事、能干事的干部提供制度保障,2017 年 9 月出台《白沙黎族自治县容错纠错实施办法(试行)》。

不明确表态，实际推动该项工作的干部都将寸步难行。现实中，上级部门希望通过容错纠错机制实现风险下移，下级部门也在等候上级部门能够在容错纠错机制下主动牵头并分摊风险，那么，哪一个层级的单位和干部是容错纠错机制主要"撑腰"的目标，是实际需要面对的问题。就海南目前的实践来看，容错纠错机制发挥的更多是鼓励和表态作用，而非实际效用。

(二) 条款细化不足

一是容错情形的描述比较宽泛。海南现有容错纠错机制的表述普遍偏原则性、笼统性，例如，三亚市容错纠错办法中规定在推进党委、政府中心工作和重大任务，特别是在自贸港建设、脱贫攻坚、乡村振兴、生态环保、优化营商环境等工作中，大胆履职、敢抓敢管、开拓创新，出现一定工作失误偏差或引发矛盾的情形可从轻、减轻处理或免于处理，其中"大胆履职、敢抓敢管、开拓创新"都是定性的表述，没有定量的客观标准可以让干部知晓什么程度才是符合敢抓敢管的范围。二是各级各部门容错纠错机制缺位。相较于市县，省内各级各部门才是推动海南自贸港建设的直接主体，虽然在行政关系上归地方政府领导，但在业务上同类部门构成上下级指导关系，领导部门结合业务工作出台容错纠错机制，应该是最能体现实效的方式，然而目前除海南省审计厅外，没有其他部门出台容错纠错机制，海南省审计厅的容错意见也存在描述宽泛的问题。

(三) 典型案例缺乏

案例是活的法律，是法律观念、法律理论、法律条文在法律实践中的交集、融汇、阐释与应用的结晶，典型案例能够克服现有政策文件的抽象性和滞后性，弥补政策文件可能存在的漏洞及边界不清等问题，但案例作用制度绝非司法专属，纪检监察部门也有典型案例通报制度。海南现有各级容错纠错工作的监督指导部门一般为纪委和组织部门，自海南出台《关于在海南全面深化改革开放中激励干部新担当新作为的实施意见》以来，尚未出现一例通过容错纠错机制得以免责或减责的公开案例，通常在办案过程中就会综合考虑容错纠错方面的因素，一方面，可以被理解为是对干部的良好保护，但从另一方面思考，这导致广大干部无法通过典型案例进行参照，失去了以案释法、以案释纪的机会。

（四）与自贸港建设联系不紧密

最早一批"吃螃蟹"的文昌市、白沙黎族自治县、海口市（美兰区）、琼海市4个市县出台容错纠错机制的时间要早于"4·13"重要讲话，内容中没有体现海南自贸港建设要求，并且在2020年《海南自由贸易港建设总体方案》出台后，未能查询到上述市县对其容错纠错机制的优化调整记录。其他市县有把自贸港建设融入某类情形中，如三亚市"在贯彻落实党委、政府重大决策部署，特别是在三亚加快推进海南自由贸易港建设、全面深化改革开放中，大力推进先行先试和体制机制改革创新，因无先例遵循或缺乏经验而未达到预期效果或出现失误的"容错情形，也有单独成类的，如澄迈县"在建设海南自贸区、自贸港中积极大胆探索、先行先试，因没有先例、缺乏经验出现一定失误"的容错情形，但是都没有深挖容错纠错机制与自贸港建设之间的联系，如果在表述中去掉"在自贸港建设中"这个前提条件，也不影响该情形的效力。

四、建立健全海南容错纠错机制的建议

（一）集成创新容错纠错制度

制度集成创新不是简单地集合现有制度，它是各方面创新举措相互配合、相得益彰的结果。针对海南自由贸易港建设，习近平总书记强调"要把制度集成创新摆在突出位置，解放思想、大胆创新，成熟一项推出一项，行

稳致远，久久为功"。目前，海南省内容错纠错制度参差不齐、标准不一，有权制定容错纠错机制的机关很多，迫切需要按照一定标准分步骤、有计划、层级推动实现制度健全，可以尝试"省委把总、细分领域，部门落地、指导操作，市县完善、协调落实"的模式，由省委、省政府根据自贸港建设的总体需求划分重点容错纠错领域，明确省直有关部门独自或联合在业务层面上对具体情形进行细分，形成一定的客观标准，由纪委和组织部门协调市县根据实际情况进一步完善容错标准、容错程序和取证要求，通过纵向联动、横向协同的方式让容错纠错机制形成更大合力，既有"共性"也有"个性"，更好推进海南制度创新取得整体性、实质性成效。

(二)动态建立容错纠错清单

考虑到行政成本和实践需求，各级各部门应基于现行干部监督、问责等相关制度规定，从"法无授权不可为"和"法无禁止即可为"两个角度出发，针对法律法规盲区、职责边界不清晰、新事项衍生的新问题等情形，以省内通用的固定格式，条块结合制定岗位权力清单、责任清单、负面清单，将容错纠错机制具体化、清单化。在工作过程中要克服一了百了的思想，初始清单应求精求细，而不苛求全面，突出实际效用，然后再根据实际反馈、工作需要、政策调整情况和行业系统特点，通过申报、调研等形式定期更新清单内容，实现容错纠错机制从实践中来再到实践中去，始终保持旺盛的生命力。

(三)注重收集推广典型案例

针对省内容错纠错案件"零申请"现状，各级纪委监委和组织部门一方面可以推出因符合容错纠错情形在案件审理期间已免责或减责的案例，以正面典型的形式进行宣传，打消一部分干部的避责心态，让干部切实感受到上级为担当者担当的实际行动。另一方面则要推广明显不适用容错机制，胡乱作为、突破底线的案例，以负面典型的形式进行警示。同时，可以引进中央、其他省市容错纠错典型案例，尽快形成一批示范性典型案例，形象地建立起容错标尺。对于今后申请容错纠错的案件，应当以适当的形式主动向社会公开，符合容错情形的能起到澄清保护和经验参考的双重作用，不符合的也能有效震慑。

(四)重点创新领域先行先试

海南自贸港建设需要对贸易投资等多领域的法律法规和制度规则进行创新，每一步都涉及突破旧观念、旧体制，可以依托洋浦经济开发区等先行区，围绕优化营商环境、促进产业发展等重点工作和项目，对涉及的重点领域率先出台容错纠错机制细则，以上带下、以点带面、分级分类在全省范围内营造鼓励干事创业的积极氛围，给广大干部吃下定心丸，给各级各部门提供风向标，实现保护改革者、鼓励探索者、宽容失误者、纠正偏差者、警醒违纪者的目的。

参考文献

[1] 李克强.政府工作报告——2016年3月5日在第十二届全国人民代表大会第四次会议上[N].人民日报，2016-03-18(001).

[2] 薛瑞汉.建立健全干部改革创新工作中的容错纠错机制[J].中州学刊，2017(2)：13-17.

[3] 鄢一龙.为什么说海南自贸港是新时代开放大棋局的关键一招？[J].瞭望，2020(24).

[4] 黄晓慧.海南自贸港，制度创新"试验田"[N].人民日报，2020-6-11(005).

[5] 史云贵，薛喆.县乡领导干部容错纠错机制的功能廓析与路径创新——一种基于IAD的分析框架[J].思想战线，2020，6(03)：63-71.

[6] 谷志军.容错纠错机制为何难以操作？——基于政策文本的实证分析[J].行政论坛，2020，27(01)：72-78.

[7] 秦宗文.案例指导制度的特色、难题与前景[J].法制与社会发展，2012，18(01)：98-110.

[8] 殷书建.容错机制典型案例：功能、问题及机制构建[J].理论与改革，2020(04)：176-188.

[9] 李庆庆.容错纠错政策执行难问题研究[D].济南：山东大学，2020.

[10] 高倩.推行领导干部容错机制的难点及完善路径[J].党政干部论坛，2018(04)：14-17.

[11] 何丽君.基层干部容错纠错的价值意义及其实践路径[J].治理研究，2019(04)：82-87.

改革开放以来"容错试错"思想的
探索进程及其启示

吴陈舒　李　平①

摘要："容错试错"思想是全社会对创新精神的认可,是马克思主义认识论、实践论的要求,是基于渐进决策模型的思考与运用,也是探索中国特色社会主义道路的重要思想。"容错试错"思想历经改革开放初期"摸着石头过河"到全面深化改革阶段的顶层设计与基层探索相结合的制度化转变。将新时代改革进行到底,需要认真回顾和深入总结改革开放的历程,将"容错试错"思想嵌入新时代全面深化改革的进程中,进一步解放思想,实事求是,大胆先行先试,促进社会全面发展,以不断满足人民日益增长的美好生活需要。

关键词：改革开放　容错试错　解放思想　容错纠错机制　渐进决策模式

---

① **作者简介**：吴陈舒,萍乡学院商学院助教;李平,甘祖昌干部学院教研部教师

改革开放是决定当代中国命运的关键抉择，是党和人民事业大踏步赶上时代的重要法宝。改革开放体现了人民群众和社会各界的敢想、敢试、敢闯的伟大实践，也体现了党和政府善于审时度势，不断总结改革经验，果断推进改革深化的思想解放。可以说，改革开放取得举世瞩目的成就，离不开"容错试错"思想的探索与酝酿。通过对"容错试错"机制的不断探索，让改革创新者感受到"依靠"，坚定改革创新的决心。改革开放四十年的实践证明，试错和容错都是改革创新的推动力量，正是有容忍大度的智慧和敢为人先的精神，才能探索出了一条适合中国国情的特色社会主义发展道路。

一、"容错试错"思想的内涵解读、理论阐释与实践意义

（一）"容错试错"思想的内涵解读

容错是一种激励的手段，而不是包庇纵容，其本质是提高权力运行效能的制度措施。[1]容错机制旨在在"提高权力运行的效能"落脚点上鼓励改革创新。从政府管理与改革的角度讲，容错机制作为鼓励官员改革创新的正向激励机制，其实现需要满足三个重要前提，即错误不是由官员"主观意愿造成的"、集体决策失误以及能及时纠正错误。也就是说，容错限定于行政过程中出现的权力行为失误现象，或者说是与"行政问责"相关联的"权力出错"现象。[2]必须强调的是，建立容错机制建立的前提是全社会范围内对创新精神的认可，以及对创新偏差的容忍和纠正。[3]

精准界定容错范围，必须坚持习近平总书记的"三个区分开来"原则[4]，即坚持把干部在推进改革中因缺乏经验、先行先试出现的失误和错误，同明知故犯的违纪违法行为区分开来；把上级尚无明确限制的探索性试验中的失误和错误，同上级明令禁止依然我行我素的违纪违法行为区分开来；把为推动发展的无意过失，同谋取私利的违纪违法行为区分开来。

试错也是改革创新的实验路径之一。试错是探索事物发展规律的一种

方法。改革创新是"摸着石头过河"，难以直接回避探索进程中可能面临的失败与挫折，"上下同欲者胜"，需要改革者勇往直前，为后继者提供更加接近真理的康庄大道，从而为全面建成小康社会的伟大征程谱写新篇章。

(二)"容错试错"思想的理论阐释

1. "容错试错"思想是马克思主义认识论、实践论的要求

首先，事物是在矛盾不断出现、不断解决的过程中实现自身发展的。矛盾关系的复杂运动和不断变化使得改革创新的过程中不可能完全避免出现失误。如何调整生产关系以不断促进生产力的发展、如何谋划上层建筑以不断满足经济基础发展需求的命题是全面深化改革进程中不可回避的问题，这需要以马克思主义认识论为指导，以认识论作为改革开放进程中的重要引领，以"容错试错"作为认识论在实践中的调节与发展。其次，实践是认识的来源和目的。对改革开放的正确认识是一个不断反复、不断深化的螺旋式上升的过程。正是在大胆"试错"和经验积累的否定之否定过程中使全面深化改革得以推进。[5] 在改革发展的实践过程中，把握好"容错试错"的尺度，日益准确地把握客观实际，才能最大限度地提高对中国特色社会主义发展规律的认识，做到有的放矢、"不折腾"。

改革开放实践也是系统工程，需要遵循系统工程的规律。系统论是全面、综合、系统地对有关对象进行探索和研究一般科学方法的一般理论。马克思指出，社会就是"一切关系在其中同时存在又经常处于变化过程中的有机体"。[6] "社会不是坚实的结晶体，而是一个能够变化并且经常处于变化过程中的有机体。"[7] 这种系统方法需要统筹各个变化的有机体，而对于各个有机体的认识存在着滞后性与超前性等不协调问题，这需要改革者在"容错试错"中找到最合适的发展理念与道路选择。

实践基础上的创新更是改革开放的本质要求，缘于实践的理论创新才能更具生命力。改革开放进程中的"容错试错"思想归根到底就是鼓励创新的路径抉择。中国改革开放的成功缘于思想观念、体制机制、行为方式等

方面的创新，正是通过改革开放的创新，才能够解放思想，才使敢闯敢试得以实现。敢闯敢试，敢为人先，闯"禁区""盲区""难区"，是改革开放的精神特质。改革开放是一项长期、艰巨而伟大的实践，这是理论与实践相结合的产物，体现了马克思主义辩证唯物主义方法论与历史唯物主义的科学本质。

2."容错试错"思想是基于渐进决策模型的思考与运用

改革开放是一个循序渐进、逐步推进的路径过程，这种渐进式改革与林德布洛姆提出的渐进决策模型理论有异曲同工之妙。[8]林德布罗姆的渐进决策理论认为决策者的资源有限（时间、信息、金钱），决策者的能力有限，政策的制定是在过去经验的基础上，经过逐渐修补的渐进过程来实现的。按部就班原则、积小变大原则和稳中求变原则是渐进决策模型需要遵循的三个基本原则。做出改革开放的决策以及改革开放过程中所制定、实施的公共政策也是遵循渐进原则，不断探索、调整与改良的，而非激进的休克疗法。从国家改革发展大局看，我国的改革已经形成了独特的渐进式模式。而"容错试错"思想正是改革者以不断尝试的方式，找到一种满意的结果的思考，也是帮助人们检验所做的抉择是否正确的思考。

3.试错式改革是探索中国特色社会主义道路的重要方法

探索中国特色社会主义道路不是一朝一夕能够完成的，它需要建立在不断改进与总结经验的基础上，它需要在改革开放初期缺乏经验的实际出发，它需要照顾到改革开放的规模与力度的平衡，边走边看、边改边试的"试错"模式成为必然的选择，也是发挥民间智慧，倒逼上层设计的路子。试错式改革从小规模试错迈向制度改革，缓解上层指导与地方创新之间的张力，[9]也最大限度地保持了社会的稳定。社会的稳定是改革开放的前提，无论改革还是发展都需要有一个稳定的社会环境做保证。习近平总书记认为"摸着石头过河"是富有中国特色、符合中国国情的改革方法，符合人们对客观规律的认识过程，符合事物从量变到质变的辩证法。不能说改革开放初期要摸着石头过河，现在再摸着石头过河就不能提了。[10]

（三）"容错试错"思想的实践意义

新思路、新方法、新征程，改革开放的发展演进中难免遇到挫折、失败，甚至是排斥。能不能坚持下去，能不能把工作做好、做到底，是改革开放的创新能不能最终取得成效的一个非常关键的问题。"容错试错"思想就是为改革开放营造良好的创新氛围，宽容改革发展过程中"探索性失误"，敢想、敢做，鼓动提高谋划、推进、落实改革的能力，既鼓励创新、表扬先进，也允许试错、宽容失败，从而推动全社会形成想改革、敢改革、善改革的良好风尚。

改革进程中的"容错试错"思想，不是对改革开放"失败论""变质论""倒退论"等历史虚无主义的包容性解释，而是建立在是否实现了"三个有利于"、政治上是否坚持了"四项基本原则"并最终是否促进了社会的进步和发展的客观标准之上。

二、改革开放以来"容错试错"思想的探索进程

（一）改革开放初期阶段："摸着石头过河"

1978 年改革开放总设计师邓小平正是信奉"摸着石头过河"的渐进式改革，先农村后城市、先试点后推广、先易后难、先局部后全局。邓小平指出，中国特色社会主义建设是一项前无古人的事业，既不可能在马列主义本本上找到现成答案，也没有任何现成的实践经验可以照搬照抄，必须靠敢闯敢试。"我们现在做的事都是一个试验，对我们来说，都是新事物，所以要摸索前进。"[11]邓小平正确把握当时干部思想认识与改革开放之间的矛盾，鼓励干部要甩掉思想包袱，大胆尝试。邓小平指出："看准了的，就大胆地试，大胆地闯""中国式的社会主义道路，经验就会一天比一天丰富，越来越多"。[12]改革是中国发展生产力的必由之路。[13]正是邓小平在改革开放初期对社会主要矛盾的精准把握，改革开放才能在步履维艰中前行；也

正是邓小平的关心和鼓励，改革开放把中国拉入到了社会主义现代化建设的轨道。

"摸着石头过河"是指在实践经验不足的情况下，大胆尝试，在积极探索中摸清规律，从而找到适合中国发展的可靠道路。中国是一个人口众多、经济落后的社会主义大国，改革又是一项前无古人的具有重大风险的事业，这就决定了我国的改革开放只能采取"摸着石头过河"的方法。实际上，"摸着石头过河"就是所谓的"试错法"，在全新的未知事务面前，不惧怕可能面临的失败与挫折，以试点的方式找到推广的路径，先推广见效快的改革，再推进见效慢的改革，先推进难度小的改革，再推进难度大的改革，在不确定的背景下分区域、分领域的试点试验进行"试错"，在尊重人民群众和基层首创精神的基础上，以帕累托最优法则确定方案的最终落实。因此，"摸着石头过河"其实是永远不可能告别的，只是一个度的问题。[14]

(二) 改革开放新阶段：继承与实践

改革开放伟大事业，是以江泽民同志为核心的党的第三代中央领导集体带领全党全国各族人民继承、发展并成功推向二十一世纪的。从党的十三届四中全会到党的十六大，受命于重大历史关头的党的第三代中央领导集体在国内外政治风波、经济风险等严峻考验面前，依靠党和人民，捍卫中国特色社会主义，创建社会主义市场经济新体制，开创全面开放新局面，推进党的建设新的伟大工程，继续引领改革开放的航船沿着正确方向破浪前进。党的十一届三中全会以来的历史雄辩地证明，实行改革开放是社会主义中国的强国之路，是决定当代中国命运的历史性决策。[15]"我们要在九十年代把有中国特色社会主义的伟大事业推向前进，最根本的是坚持党的基本路线，加快改革开放，集中精力把经济建设搞上去。"[16]"容错试错"思想在改革开放新阶段表现为"摸着石头过河"的改革思路是正确的，需要进一步的坚持巩固与推广。"开放也有风险，但只要我们注意及时总结经验，道路就会越走越宽广。"[17]

（三）深化改革阶段：创新与突破

改革发展进入了关键阶段，面对新形势、新任务，必须继续解放思想，坚持改革开放，推动科学发展，促进社会和谐，只有这样才能继续全面建设小康社会，加快推进社会主义现代化。深化改革阶段最根本的是，改革开放符合党心民心、顺应时代潮流，方向和道路是完全正确的，成效和功绩不容否定，停顿和倒退没有出路。在坚持改革道路的过程中，应以科学的改革观解决一些涉及中国改革发展的重大问题，使中国的改革开放事业走得更加稳健。"要坚定不移深化改革，提高改革决策科学性，增强改革措施协调性，努力在重要领域和关键环节改革上取得突破。"[18]同时，胡锦涛指出，要在全社会培育创新意识，倡导创新精神，完善创新机制，大力倡导敢为人先、敢冒风险的精神，大力倡导敢为人先、敢于竞争和容忍失败的精神。在深化改革阶段，"容错试错"思想体现为肯定改革开放的成就，"不动摇、不懈怠、不折腾"，及时有效解决阻碍改革开放的问题，并鼓励创新思路，大胆改革发展，培育创新人才。

（四）全面深化改革阶段：顶层设计与基层探索相结合

推进改革开放向纵深发展，做好顶层设计刻不容缓，特别是制约与阻碍全面深化改革发展的关键性、全局性问题。正如习近平总书记所指出的，摸着石头过河，是富有中国特色、符合中国国情的改革方法。在加强宏观思考和顶层设计，更加注重改革的系统性、整体性、协同性的同时，也要继续鼓励大胆试验、大胆突破，不断把改革开放引向深入。[19]2012年12月，习近平总书记在十八届中共中央政治局第二次集体学习时明确提出："摸着石头过河就是摸规律，从实践中获得真知。摸着石头过河和加强顶层设计是辩证统一的，推进局部的阶段性改革开放要在加强顶层设计的前提下进行，加强顶层设计要在推进局部的阶段性改革开放的基础上来谋划。要加强宏观思考和顶层设计，更加注重改革的系统性、整体性、协同性，同时也要继续鼓励大胆试验、大胆突破，不断把改革开放引向深入。"[20]

为适应改革开放时代的需要，《关于新形势下党内政治生活的若干准则》明确指出："建立容错纠错机制，宽容干部在工作中特别是改革创新中的失误。"[21]政府工作报告指出："健全激励机制和容错纠错机制，给改革创新者撑腰鼓劲，让广大干部愿干事、敢干事、能干成事。"[22]党的十九大报告提出，坚持严管和厚爱结合、激励和约束并重，完善干部考核评价机制，建立激励机制和容错纠错机制，旗帜鲜明为那些敢于担当、踏实做事、不谋私利的干部撑腰鼓劲。[23]为鼓励官员创新，一些地方政府纷纷出台了与"容错免责"相关的条例。"容错试错"思想在全面深化改革阶段主要表现为法治化、机制化，应以法律文件的形式加以完善、规范运行。

三、"容错试错"思想对新时代全面深化改革的启示

新时代中国开启的深化改革、扩大开放进程，绝不仅仅是原有改革开放的升级，而是从本质上标志着中国经济与社会现代化进程的升华。[24]将新时代改革进行到底，需要认真回顾和深入总结改革开放的历程，将"容错试错"思想嵌入新时代全面深化改革的进程中。

(一) 健全改革容错机制，纳入法制轨道运行

改革与创新是全面深化改革的直接动力，"容错试错"机制是释放和规范这种动力的制度化保证，是继续推进全面深化改革的助推器。全面深化改革，推进国家治理体系和治理能力现代化需要构建宽严相济、便于操作的"容错机制"。[25]应厘清边界、细化标准、严格把关，真正做到干部激励、保障和约束的有机统一。

一是强化制度供给，营造包容创新性失败的制度情境。应将容错试错要求清单化和制度化，以清单形式"个性化"明确容错纠错适用情形、政策边界和认定标准，并和救济机制结合起来，形成正面激励和负面惩罚双管齐下的制度合力。二是健全督查问责机制，坚决整肃"怕、慢、假、庸、散"行为。三是干部依法履职，把改革创新举措全面纳入法治轨道，自觉运用

法治思维和法治方式推动工作。四是坚持容错纠错机制全面融入深化改革重点工作上，做到同部署同推进同提升。

（二）进一步解放思想，大胆先行先试

习近平总书记指出："马克思主义理论，是我们做好一切工作的看家本领，也是领导干部必须普遍掌握的工作制胜的看家本领。"思想是行动的灵魂。要先行先试，就要冲破旧有思维模式和传统观念的束缚，在没有可以借鉴的荒漠中踏出一条新路，在认真分析的基础上，进行创造性突破。"容错试错"思想是一种思想解放，是对改革开放先行先试的大胆探索。在把各种资源向创新者倾斜的同时，要营造一种"鼓励创新，宽容挫折"的和谐氛围，提倡"先干不评论，先行不议论，时间做结论"的创新理念，允许"试错"。[26] 改革开放进程中的"容错试错"思想，是以对党和人民事业高度负责的精神，以习近平新时代中国特色社会主义思想为指导，用创新的思路和前瞻性眼光开辟改革开放新道路。解放思想、先行先试，勇于改革、勇于创新，坚持把思路摆进去，把改革开放的精神转化为实际行动。

（三）坚持渐进决策模式，实事求是推进改革

渐进决策是中国特殊国情的产物，是实事求是原则的深刻体现，也是渐进决策理论在中国的实际运用。从客观实际出发，它既符合实践发展的客观规律，也符合决策发展的客观规律，保证了决策在科学轨道上的运行。坚持实事求是推进渐进决策，充分考虑了我国地域广阔、生产力发展不平衡的国情，分步推进，统筹兼顾，把握摸着石头过河与顶层设计相结合，一步一个脚印，稳中求进，走出富有中国特色的改革发展之路。

（四）强化使命担当意识，探索改革新路径

建立试错容错纠错机制的本质，就是希望共产党人保持应有的政治本色，大胆尝试符合党和人民幸福的事业，在制度和规矩的范围内大胆地闯、

大胆地试、大胆地干，创造性地贯彻落实党的路线方针政策，摒弃"不敢为、不想为、不能为"的消极或不作为错误心态，形成不畏艰难、奋勇前行、勇于担当、积极履职的良好改革开放的氛围。

放眼全面建成小康社会、实现"两个一百年"奋斗目标的宏伟蓝图，建立容错试错机制，是党中央着眼改革整体布局，在制度的总体构架上作出的又一项富有中国特色、符合中国国情的探索和创新。[27]党的十九大报告鲜明地提出了"中国特色社会主义进入新时代，我国社会主要矛盾已经转化为人民日益增长的美好生活需要和不平衡不充分的发展之间的矛盾"。因此，"容错试错"思想的酝酿与机制化的目的是激发创新活力、鼓励干劲，在深化改革的同时，"以人民为中心"，把满足人民对美好生活的需要作为新时代全面深化改革的使命，改在民生关键处，改在人民心坎上。

参考文献

[1]鱼予.以容错纠错机制为改革创新者"兜底"[EB/OL].（2016-12-26）. http://opinion. people. com. cn/n1/2016/1226/c1003-28978156. html.

[2]竹立家.问责与容错[J].中国党政干部论坛，2016(8)：10-13.

[3]加快建立改革创新试错容错机制[N].广西日报，2017-06-30.

[4]习近平在省级主要领导干部学习贯彻党的十八届五中全会精神专题研讨班上的讲话[N].人民日报，2016-05-10(2).

[5]房广顺，董海涛.建容错机制的理论、历史与现实逻辑[J].人民论坛，2016(11)：8-10.

[6]马克思恩格斯文集：第一卷［M］.北京：人民出版社，2009.

[7]马克思恩格斯文集：第五卷［M］.北京：人民出版社，2009.

[8]邢卓明.基于渐进决策模型的中国政府决策绩效影响因素分析[D].呼和浩特：内蒙古大学，2012.

[9]陈红娟.降低风险与道路内生——试错式改革与中国特色社会主义道路的探索[J].社会主义研究，2014(3)：27-33.

[10]中央文献研究室编.习近平关于全面升华改革论述摘编［M］.北京：中央文献出版社，34-36.

［11］邓小平文选：第三卷［M］.北京：人民出版社，1993：174.

［12］邓小平文选：第三卷［M］.北京：人民出版社，1993：372.

［13］邓小平文选：第三卷［M］.北京：人民出版社，1993：136.

［14］苏剑.中国的改革发展永需"试错法"［EB/OL］.（2010-10-28）. http：//opinion. china. com. cn/opinion_69_6169. html.

［15］在纪念党的十一届三中全会召开二十周年大会上的讲话［M］.北京：人民出版社，1998.

［16］江泽民文选：第一卷［M］.北京：人民出版社，2006：224.

［17］江泽民文选：第二卷［M］.北京：人民出版社，2006：94.

［18］胡锦涛文选：第三卷［M］.北京：人民出版社，2016：428.

［19］习近平主持集体学习　要求加强顶层设计推进改革［EB/OL］.（2013-01-02）. http：//news. cntv. cn/2013/01/02/ARTI1357067315547412. shtml.

［20］中共中央宣传部.习近平总书记系列讲话读本［M］.北京：学习出版社，人民出版社，2016：80.

［21］关于新形势下党内政治生活的若干准则（全文）［EB/OL］.（2016-11-02）. http：//www. xinhuanet. com/politics/2016-11/02/c_1119838382. htm.

［22］政府工作报告——2016 年 3 月 5 日在第十二届全国人民代表大会第四次会议上［N］. 人民日报，2016-03-18（1）.

［23］习近平. 决胜全面建成小康社会　夺取新时代中国特色社会主义伟大胜利——在中国共产党第十九次全国代表大会上的报告［N］.人民日报，2017-10-28（1）.

［24］博鳌亚洲论坛秘书长周文重：亚洲需要新一轮开放与创新［EB/OL］.（2018-04-03）. http：//www. chinanews. com/cj/2018/04-03/8482526. shtml.

［25］贺海峰.宽严相济构建改革的"容错机制"［EB/OL］.（2016-05-09）. http：//theory. people. com. cn/n1/2016/0509/c49154-28334379. html.

［26］习近平在中央党校建校 80 周年庆祝大会暨 2013 年春季学期开学典礼上的讲话［N］. 人民日报，2013-03-03（1）.

［27］宗国英.进一步解放思想　大胆先行先试［J］.港口经济，2017（7）：11-13.

国家级新区纪检监察工作的创新与实践

邓 辉①

摘要：国家级新区大多由上一级纪委监委派驻（派出）纪检监察工委，充分发挥派驻监督的作用，打通全面从严治党的"最后一公里"。由于处于经济建设的前沿阵地，各国家级新区都具有经济体量大、资金安排密集，机构精简、权力集中，监督对象组成复杂等特点，廉政风险较大，基层纪检监察工作面临的困难和挑战较大。本文旨在为国家级新区纪检监察工作高质量发展提供理论启发。

关键词：国家级新区 纪检监察 创新 实践

---

① 作者简介：邓辉，湘江新区纪工委（监察室）综合管理处副处长

一、引言

新时期纪检监察工作的特征就是要坚持以人民为中心、更好护航党和人民的事业，要发挥监督的治理效能，助推基层治理能力提升，实现纪检监察工作政治效果、纪法效果、社会效果有机统一。作为国家级新区的纪检监察机关，既要基于新区的特殊功能定位，又要考虑体制机制的实际，找准保障经济发展的切入点和着力点，探索一条有力、有效、有为的发展路径。[1]

二、新区纪检监察机构的特点

目前，国务院批准的国家级新区共有 19 个，管理体制大致分为管委会型、政府型、政区合一型，其中管委会型有 14 个，占比约为 74%，是主要类型。管委会型的纪检监察机构，通常是根据新区的级别，由上级纪委监委派驻（派出），内设若干处室，履行新区管委会系统纪检监察职能。经过实地走访和电话调查，管委会型新区的纪检监察机构具有以下特点：一是大部分没有正式成立纪委委员会，委员人数少；二是有的纪检监察机构和内设处室均未正式批复设立；三是干部人数少，监督力量、办案力量相对薄弱；四是监督对象复杂，包括行政编制、事业编制、政府雇员编制、工勤人员、国企干部等多种类型；五是办案的场地、设备、手段都有限。[2]

三、新区纪检监察机构面临的困难和挑战

新区纪检监察机构所具有的特点使其在履职过程中必然面临一些困难和挑战。首先是体制机制上"小马拉大车"的困难，体制机制不顺、授权不充分、机构不健全，就会导致工作束手束脚、工作权威性和力度不够。其次是履行监督首责上实现重点领域全覆盖、全过程的困难，监督的力量有限，就会导致工作无法持续、深入、全面。再次是确保案件查办工作规范性的困难，在查办案件的质量、效率、安全方面，管理机制、指挥机制、执行机

制等"软件"和办案场所、人手、保障等"硬件"难以满足现实需要。最后是队伍建设上的困难，人员混岗混编，影响干部的积极性和成长，不利于干部队伍战斗力和凝聚力的提升[3]。

四、新区纪检监察工作的创新与探索

1.构建"MAP"模式廉政风险防控体系

"M"即摸清家底(master resources)，指对职权进行合法性、合理性、程序性、效能性四项审查，同步构建和优化流程图；"A"即风险查找(analyse flaws)，使用"三维分析法"从职权廉政风险内容层面、职权廉政风险节点层面和职权廉政风险岗位层面三个不同维度对潜在的风险进行全面系统的分析；"P"即风险防控(prevent risks)，在"处(科)室—部门(单位)、公司—新区管委会系统"分级负责制基础上，针对"权"和"岗"的双重风险构建"管事"和"管人"双轨并行的防控体系。运用"MAP"模式，清理职权、排查风险点、完善廉政风险防控制度和举措，从而绘就廉政风险防控的"路线图"。

2.构建"1+X"模式的问题探查归集体系

整合资源、内部挖潜，将查找和发现问题作为纪律审查、监察调查的源头和基础，不断增强工作的主动性。"1"是指一个网络举报平台，为群众反映问题提供方便快捷的通道；"X"是指多维度的监督渠道，主要包括一项制度，问题线索移送制度，建立行业监管部门定期向纪检监察工委报送问题线索通道；两类会议，纪检监察干部列席内设单位党组织、行政会议，加强"身边监督"和日常监督；三个专项，即专项检查、专项治理、专项巡察，着力解决重点领域的质效问题、突出问题、形式主义官僚主义等"四风"问题；四支队伍，包括社会监督员、媒体监督员、内部兼职监督员、巡察监督员队伍，提高监督人员与监督对象比例，织密监督网络。

3.构建"双管齐下"的案件区分审查体系

准确把握新时代对纪检监察工作的新要求，构建"双管齐下"、为担当者担当的案件区分审查体系。一方面，持续加大惩腐力度，保持正风肃纪

高压态势，查处、通报典型案件，形成警示震慑。另一方面，落实"三个区分开来"要求，完善容错纠错机制，在对问题线索进行调查核实、提出处理建议前，增加"三个区分开来"审查环节，同步启动容错纠错核定程序，营造正气充盈、担当尽责的浓厚氛围。

4. 构建精准施策固本培元的综合治本体系

通过对廉政风险防控制度与措施、监督检查工作成果以及典型案例的综合运用，实现连锁效应、生态效应、社会效应的有机统一。一是扩展领域，发挥连锁效应。运用问题探查归集体系，建立丰富的载体和平台，突出重点实施监督检查，其产生的作用不仅仅局限于党风廉政建设领域，还渗透到干部作风建设、投资评审、扶贫开发等诸多领域，带动其他问题逐步解决。二是转变风气，发挥生态效应。运用案件区分审查体系开展审查监察工作，全面把握"树木"与"森林"的关系，既抓惩治，又抓预防，治病树、拔烂树，维护整个"森林"健康。三是综合施策，发挥社会效应。无论是问题探查归集还是案件区分审查，不仅在于查处，更在于保护；不仅在于惩治，更在于预防，通过发现问题、分析原因、解决问题，建立健全预防和惩治腐败的长效机制。三者融会贯通，保护干部干事创业的积极性，发挥良好的政治效果和社会效应。

五、总结

国家级新区是引领干事创业的先行区、示范区，新区纪检监察工作必须围绕转作风、促改革、抓落实进行，打破不利于经济发展的顽瘴痼疾，助推敢闯敢干敢试的创业生态。做好纪检监察工作，要坚持以改革创新的思维，大胆探索、实践。构建"四个体系"工作格局，实现风险预防控制、问题探查归集、案件区分审查、综合施策治本环环相扣、首尾相连，有利于全面提升预防、监督、执纪各项工作的质量和效率，有助于开创新时代国家级新区纪检监察工作新局面。

参考文献

[1]杨乐乐.推进国家级新区高质量发展研究[J].上海商业，2021(03)：81-85.

[2]李海鹏.扎实推进纪检监察工作高质量发展[J].共产党员(河北)，2021(2)：46.

[3]赵斌.新形势下国有企业纪检监察工作的思考和建议[J].商业文化，2020(35)：95-97.

干部容错机制的困境与挑战

——基于制度信任的视角

赵慧敏　伍如昕[①]

摘要：随着新时代全面深化改革进入攻坚期和深水区，社会主要矛盾在不断发生变化，完善容错机制、激发干部工作热情迫在眉睫。然而，由于制度漏洞和政府实际执行过程中的疏漏，部分干部对容错机制表现出不信任的状态，致使该制度无法发挥出其应有的功能。本文以制度信任为研究视角，通过对制度信任的相关研究进行回顾和探讨，梳理出制度信任的形成过程，在此基础上，从制度信任建构角度，对新时代干部容错机制所面临的困境与挑战进行分析。研究发现，干部群体对干部容错机制存在着一种矛盾的心理，一方面对中央政府推动构建干部容错机制表示出信任的态度，另一方面在地方政府实施干部容错机制时却表现出观望的态度，制度设计不合理以及首长意志的干扰深刻影响了干部对容错机制的信任度。本文从制度信任的形成过程解释分析干部群体何以对容错机制采取信任或不信任的态度，为完善容错机制提供新思路。

关键词：制度信任　容错机制　干部激励　机制建构

---

① **作者简介：**赵慧敏，中南大学公共管理学院 2020 级硕士研究生；伍如昕，中南大学公共管理学院副教授，硕士生导师

一、什么是制度信任

(一)"制度"与"信任"

1. 制度

"制度"是一个常见且抽象的概念。青木昌彦认为,制度概念仅指由权威机构颁布的正式规范条文,制度的另一种狭义定义是组织机构,它将制度等同于经济行为的特定参与人(青木昌彦,2001)。诺斯则将制度定义为博弈规则,包括正式规则(如法律和产权)和非正式规则(如惯例和习俗)(诺斯,1994)。也有社会学者认为制度包括规范体系和配套的机构与设施(郑杭生,1994)。随着更多学科的发展,制度的定义也愈加宽泛,周雪光认为,"在社会科学研究中,'制度'通常指稳定重复的、有意义的符号或行为规范。在这个意义上,制度包括正式组织、规章制度、规范、期待、社会结构等"(周雪光,1999)。基于前文对信任的定义,信任者信任某项制度,意味着信任者判断该制度有利于自身,并且能够执行。再者,人们往往会通过制度的内容来判断是否有利于自己,而制度的执行是由组织或者是各类社会角色来完成的。基于以上定义和推论,我们认为,在本文中,制度可以定义为组织规则以及实施规则的社会角色。

2. 信任

信任的定义在学界多种多样。哈丁认为,信任就是"A 相信 B 会做 X"的一种三方关系,其中 A 是"信任者",B 是"信任对象",X 是"具体事件"(哈丁,2004);Deutsch 认为,信任关系并不局限于"相信",它还暗含着心理"期待",或者说 X 的发生是有利于 A 的,因此 A 不仅预见到 X 可能会发生,而且还希望其发生(Deutsch,1958)。因此,可以这样认为,如果 A 相信 B 会做有利于自己的事情 X,则 A 信任 B。罗家德和叶勇助提出,完整的信任过程还包括在这种心理指导下表现出一定的行为(罗家德、叶勇助,2007)。综合上述学者提出的关于信任的定义,本文认为,信任可以被定义为 A 判断 B 会做有利于 A 的事件,并且基于这样的判断表现为一定的行为。但是随着人类历史进程的发展和社会制度的不断完善,人们的社会关系和社交往来越来越频繁,范围也越来越大,信任也不仅限于人与人之间的直接关系,更多的来自陌生人的信任是由制度来实现的。正如卢曼所言,信任由具体的人际信任上升为抽象的社会系统(卢曼,2005),这就涉及本文重点讨论的"制度信任"。所谓制度信任是指,制度作为信任对象,被信任者相信这项制度是有利于自己的,并且能够被执行下去,基于这样的判断,信任者会照章办事。(房莉杰,2009)

(二)制度信任的重要性

人类社会由各式各样的规则和制度组建而成,失序的社会将是落后和混乱的。通过对符合制度规定的行为的认可与鼓励,以及对违反制度规定的行为的惩戒,将人们的行为控制在一定的范围内,可大大减少社会的不确定性和风险,使人们形成稳定的心理预期,从而生长出信任(Zuker,1986;刘少杰,2006)。从这个角度说,制度是信任的基础。

显而易见的是,制度不仅仅是信任的基础,实际上,制度和信任是相互交织的,制度既是信任的基础,也是信任的对象。建立在制度基础上的稳定的心理预期要以信任制度为前提,尤其是对于自上而下实施的外在制度,以及以实施这些制度为目的的正式组织而言,人们要判断是否信任制度本身(房莉杰,2009)。当我们对他人付诸信任时,并不是对陌生人的信任,而是对某一具体制度的信任,比如我们愿意借钱是因为我们相信"欠债还钱",我们愿意参与金融贸易是因为我们相信"一手交钱一手交货"等制度会有效运行。正如张静指出的,"每一种信任都包含了对约束机制本身的信任成分,故信任水平的变化,事实上反映了信任维持机制的变化——人们对它的有效性产生了怀疑"(张静,1997)。

二、制度信任如何形成

关于信任问题,吉登斯、卢曼、科尔曼、福山以及张维迎、郑也夫等许多学者都有过深入的研究,由于研究的角度不同,结论并不是统一的,从宏观角度探讨的学者基于文化和结构环境进行探索,从微观角度探讨的学者则比较关注信任主体的心理。宏观和微观是并不完全是相互独立的,信任本身是一种微观行为,但其背后确有宏观因素的影响。本文借鉴房莉杰(2009)的研究思路,将关于信任的宏观研究和微观研究结合起来,探寻制度信任的形成过程。

(一)宏观层面:文化和社会结构的影响

郑也夫认为,信任是在一代又一代人流传下来的规范和价值观念的基础上逐渐形成的,可以说信任是一种"文化遗传"(郑也夫,2001)。但是文化在不同的国家和地区会因经济、政治等因素的不同而呈现出不同的模式,因此受文化影响而遗传下来的信任态度也会呈现出差异,文化论者试图在历史中寻找这些差异形成的原因,而制度论者则聚焦于研究现有的制度和结构环境。不同社会的文化确实存在差异,但其在本质上都是为了促进公共利益和推动社会发展,基于此,人们在不同程度上是值得信任的。但是,如果不遵守规则可以带来意想不到的利益,那么大多数人是有动力破坏规则的。因此有学者提出,信任取决于是否有有效的制度予以保障(达斯古普塔,2008),即当我们围绕一个具体制度的信任问题展开研究时,我们有必要将其他制度组成的制度环境纳入考虑的范围。总之,信任解释的宏观观点认为,一个社会的信任倾向是由社会文化、政治环境、制度安排等宏观因素共同作用所决定的。

(二)微观层面:信任经验的影响

宏观论者的观点无法解释为什么在同一个社会中会存在个体信任的差

异，微观层面的研究刚好弥补了这一点。以卢曼为代表的学者认为，信任或者不信任的态度在形成后并不是一成不变的，学习是一个终身的过程，在学习者不断学习以及社会化的过程中，随着知识的增长和观念的改变，人们会根据自身的经历和信息的更新调整信任倾向，即信任经验也在逐渐发生变化（卢曼，2005）。因此可以这样认为，信任受众在对特定的信任对象选择信任或者不信任时，判断的依据并不全是信任对象的个体信息，而是会结合自身的信任经验进行综合考虑，这类经验可以是直接获得的，也可以是间接获得的。

（三）理性经济人行为分析

经济学认为，人是理性的经济人。根据这一基本假设，为了保证自己的利益不受侵害，人最初对他人采取的是不信任的态度，当需要通过信任来获得利益时才会选择信任。科尔曼（J. Colman）是理性经济人信任行为分析的典例。他认为，委托人是否采取信任受托人的行为取决于三个因素：受托人守信概率 P（possibility）、可能的损失 L（loss）以及可能的收益 G（gain）。在委托人做出信任或不信任决策之前会首先比较 P/1-P 和 L/G，如果守信概率与失信概率之比大于可能的收益与可能的损失之比，委托人会采取信任行动；反之则采取不信任行动（科尔曼，1992）。固然理性行为分析的解释有自身的局限，但它恰恰解释了从信任经验转变为信任行为的过程，使得对信任的解释更加充分。

（四）制度信任的形成过程

基于对以上三种角度的理论的探究，我们可以发现宏观、微观以及理性经济人分析三者之间是相互补充和完善的，结合上文对制度和信任的定义，我们可以将制度信任的形成过程归纳如下：首先，个人在社会生活中，受价值观念、社会制度、政治环境等因素的影响，会形成一定的信任倾向，在不断学习以及社会化的过程中积累信任经验并以此作为选择信任或者不信任行为的判断依据；其次，个人根据过去的信任经验和对制度的了解程度进行成本收益分析，从而判断该制度是否可信；基于以上两步，个人会形成相应的信任态度，并在这一态度下选择是否遵守或信任制度的行为。

以上是基于其他学者的理论研究梳理出来的关于制度信任形成过程的解释，下文将会结合干部容错机制做更为具体的演绎。

三、干部容错机制制度信任的形成过程

根据前文的分析和阐述，我们可以构建出如图 1 所示的干部容错机制的制度信任形成过程。

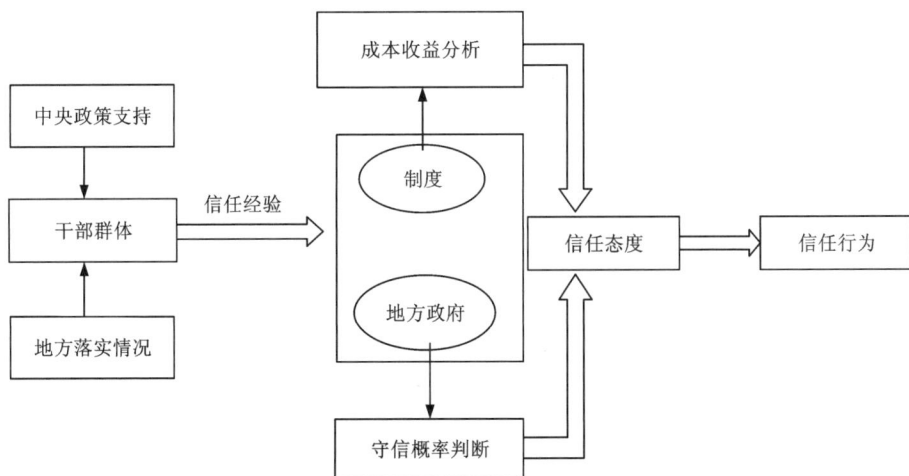

图 1　干部容错机制中制度信任的形成过程示意图

资料来源：作者自制。

从图 1 可见，图中的细实线框代表了在干部容错机制中制度信任形成的过程：首先由中央政策支持，如各类规定、条例、意见等，加之地方政府根据中央指示参考本地具体情况做出的一系列决策，通过社会化内化于干部群体，干部群体在形成信任倾向的同时也积累了信任经验；其次在面对干部容错机制时，干部群体会根据制度内容及其他实时信息做出成本收益

分析；再次，干部群体根据以往的信任经验及现实中地方政府运用容错机制的情况，判断地方政府运用干部容错机制解决问题在多大程度上可信；然后在上述两方面分析的基础上，干部群体会形成相应的信任态度；最后在信任态度的影响下，干部群体会做出遵守或不遵守干部容错机制的行为。下文将会对该过程进行更为具体的演绎。

（一）参与率：信任行为

中国共产党是中国特色社会主义事业的领导核心，党的领导干部是实现党和国家事业，带领中国人民完成中华民族伟大复兴的中坚力量。在改革开放的过程中，我们无疑已经取得了许多伟大成就，但在进入全面深化改革的新时期后，改革走向了深水区和攻坚期，容错机制一方面承载着减轻干部心理负担、激励干部敢问人先的制度使命，另一方面也承载着深入贯彻习近平新时代中国特色社会主义思想、党的十九大精神，消除"为官不为""不思进取""形式主义"等官场弊病，建设高素质干部队伍的历史使命。容错机制的主要目的，是激励干部敢于担当作为。如果这项机制能按照预期得到有效执行，那么干部是否通过容错机制解决问题很大程度上取决于他们是否信任容错机制，相应的，一个地区或全国的参与率可以反映干部对容错机制的整体信任情况。通过网络检索等方式，截至 2020 年 4 月，共查找到 7 个省（直辖市、自治区）已对外公布的 20 个典型案例，分别来自陕西省（5 个）、江苏省（4 个）、吉林省（4 个）、广西壮族自治区（4 个）、云南省（1 个）、宁夏回族自治区（1 个）、湖南省（1 个）。不可否认的是，自从干部容错机制落地以来，确实有干部因此受益，但在全国范围内仅有 20 例典型案例，说明干部成功运用容错机制的情况非常少，尚未达到预期的水平

相较于 2013 年党的十八届三中全会第一次明确提出"宽容改革错误"和 2016 年《政府工作报告》确认要构建容错机制以及各地出台正式的容错制度文本时期，容错机制的实施率和参与率有了明显提高，但就全国范围内看，容错免责申请少之又少甚至在部分地区出现了长期为零的局面。党

中央始终高度重视新时代容错机制的建设，从 2013 年 11 月党的十八届三中全会通过的《中共中央关于全面深化改革若干重大问题的决定》第一次明确提出"宽容改革失误"的思想，到习近平总书记先后在中央全面深化改革领导小组第十七次会议、第二十一次会议上强调基层改革要"允许试错、宽容失败"，到李克强总理在 2016 年《政府工作报告》中指出要"健全激励机制和容错纠错机制，给改革创新者撑腰鼓劲，让广大干部愿干事、能干事、能干成事"，到党的十八届六中全会再次声明"要建立容错纠错机制，宽容干部在工作中特别是改革创新中的失误"，再到 2018 年 5 月中共中央办公厅专门就建立激励机制和容错机制制定《关于进一步激励广大干部新时代新担当新作为的意见》，都表明建立容错机制是刻不容缓、大势所趋，并且获得了党中央的高度肯定和支持。在此基础上，地方政府也积极督促容错机制的建立和推行，2016 年以来，湖北、浙江、广东、四川、陕西、山西等许多地方政府都相继出台了省级的有关构建容错机制的意见、办法和条例。单从这些数据上看，绝大多数地方政府对此项制度是信任的，但落实到干部尤其是基层干部个人，是否也有这么高的信任率呢？

从容错机制的作用对象来看，不同的人获得的制度体验是不一样的。对于成功申请了容错免责的干部来说，容错机制有效地发挥了其激励和保护作用，减轻了干部的心理负担，自然会给予该制度积极、正面的评价，但是对于没有顺利申请到容错免责的干部来说，容错机制可能就成了"形式主义"，其得不到任何的激励和保护。对于身处国家建设和改革一线的干部群体来说，基本上是听从党中央的统一指挥，绝大多数人几乎没有机会去触发容错机制，那么他们的体验感和参与感又是怎样的呢？现如今，尽管从中央到地方都在大力推广构建容错机制，也出台了一系列政策来保证容错机制的顺利运行，但必须要承认的是，容错机制尚处于一个不成熟的阶段，由于是"摸着石头过河"，大家都没有经验，加之新制度运行体制不畅、程序不统一、缺少统筹规划和顶层设计等问题突出，不少干部不愿参加，即便有干部勇于尝试，但在碰壁之后难免会对该制度产生"空头支票"

等不满想法。综上，尽管从中央到地方政府层面都在积极响应构建容错机制，但是落实到有关干部时，参与率比实际数字应该低一些，由此可见不少干部对容错机制仍处于一种半信半疑甚至是不信任的状态，对容错纠错机制持观望态度，另一方面，实际参与率和成功的典型案例所反映的情况是真实的，即部分干部已经从容错机制中受益，表现出他们对容错机制的信任，这些数据的变化反映出已经有部分干部对容错机制的态度经历了从不信任到信任的变化。

(二)对容错机制规则的评价：成本收益分析

正如前文所述，主体受利益刺激后，会通过成本收益分析来判断自己的选择和行为，同样的，制度受众会通过制度内容判断可能的成本和收益。具体到容错机制，其成本是干部在参与这项制度时所承担的风险，其收益是干部在受到容错机制保护时的免责和激励情况，这两点是干部在选择参与制度时最为关注的，也是容错机制的关键内容。首先就风险而言，一方面，容错机制正面临着外部和内部认识环境的挑战，从外部看，我国部分公民对部分公务员持有"公务员上班就是喝喝茶、聊聊天""领导干部无所作为，只喜欢搞面子工程"等印象，尽管自党的十八大以来，以习近平同志为核心的党中央狠抓党群关系、干部作风，全面推动和深化从严治党，但社会民众惯有的部分偏见在短时间内很难得到改观，这样的外部舆论风气，可能会导致部分领导干部在心态和思想上坚持"少干事、不出事"，是懒政怠政之风不断蔓延。从内部看，党政机关内部"枪打出头鸟"等不良思想和风气荼毒了许多本来可以大有作为的领导干部的思想，降低了他们改革创新的热情，"不敢为、怕出错"的思想包袱严重阻碍了其行动的步伐。另一方面，正如前文所述，容错机制尚处于一个不成熟的阶段，其核心内容"什么错可以容，什么错不可以容"以及根据什么样的标准来判断可容与不可容仍然在探索之中。虽然习近平总书记提出的"三个区分开来"具有重要的理论和实践指导意义，但仅仅将其作为判断的依据是远远不够的，基本范畴界定存疑可能会致使容错机制沦为某些干部胡作非为的"保护伞"，表面上以"改革创新"为名头搞政绩，实际上则是徇私舞弊、贪污寻租，大搞形象工程，给国家和人民带来损失，而真正为改革事业做出奉献和准备为推进国家改革事业发展而大展身手的干部却因为容错条件过紧而望而却步，甚至被追责，使容错机制无法发挥出本来应有的免责保护功能。

干部群体对容错机制的保护功能的主观评价如何呢？从受益的情况来看，虽然成功申请到容错免责资格的干部只是少数，大部分干部在制度实施的几年间因各种不同的原因并未受益，但是他们中很多人都认识到在改革的实践过程中犯了某些错误时，容错机制可以起到一定的保护作用，而且有党中央牵头，有明确的政策保证，各地方政府也在积极探索适用于本地区特殊情况的容错免责条例，容错机制在未来必然会惠及更多的有为干部，激励更多领导干部在改革发展的过程中敢于啃硬骨头，敢于涉险滩，减小干部为改革创新而承受的政治压力和思想包袱。从成本收益的角度来说，干部对容错免责机制的制度设计总体上是认可的。

值得注意的是，成功应用容错机制对敢为人先、勇于担当的干部进行免责的报道要远远少于宣传容错机制和相关政策文本。在制度探索的初期，任何一个成功的典型案例都会对广大干部产生示范和鼓舞作用，加强干部对该制度的信心，激发干部敢闯敢试的热情。"容错纠错机制意味着对决策失误以及由此而产生的错误结果的包容，它的实践侧重于从包容性民主的层面对权力的运行予以合理审视，并依此界定权力运行中可能出现的风险、失误甚至错误。"（殷书建，2020）公开容错机制案例，既能树立典型，增强示范效应，增强容错机制适用对象对该制度的理解，又能凸显社会效果，增强人民群众和公职人员对容错机制包容性的理解和体验，从这一角度来说，加大对成功案例进行宣传报道的力度是潜在政治收益很高的事。

(三) 对容错机制实施者的评价：守信概率判断

容错机制是由政府推动和实施的，政府是制度的主要实施者，干部群体会考虑政府的行为，形成"制度能否执行好"（守信概率）的判断。根据上文信任理论部分的论述，当信任主体判断信任对象能否守信的时候依据的并不全是当下信息，更多的是对信任对象的"印象"。那么干部群体对政府的"印象"如何呢？

在容错机制中，各级政府都承担着一定的职责，具体而言，中央政府负责做好宏观统筹，加强顶层设计，制定政策框架，由中央出台国家层面的容错机制，对容错的目的、原则、程序等做出明文规定，确定其适用边界；省级地方政府根据本地区的特定情况制定具体的实施方案并负责执行、审核、监督等具体实施工作；乡镇政府则直接面对基层干部，负责容错机制的宣传以及鼓励干部积极运用容错机制在改革发展进程中大胆创新。尽管都是国家机关内部的工作人员，但干部群体对各级政府的信任态度并不相同。有趣的是，尽管地方政府尤其是乡镇政府的干部与中央政府之间的距离最远，但是他们对这一级的政府部门却是最信任的，他们可以通过各种媒体渠道了解到中央的政策动向，认为"中央领导人是实打实为人民服务"。而与此形成鲜明对比的是干部对县、乡（镇）两级政府的信任缺乏，不少干部有过切身体会，"中央政策是好的，但是执行到下级就走样了""干之前，我们就请示过，领导不发话。干完之后，又责怪没干好，实在是让我们基层干部左右为难"。正是由于上述印象的影响，以及前文所分析的各种风险，导致在容错机制实施之初，各级政府耗费了大量时间和精力去宣传容错机制的内容和精神，但还是有很多干部采取观望态度。然而在容错机制实施几年后，特别是在有部分成功应用容错机制的典型案例出现后，干部群体对于政府的态度却发生了一定的转变。一方面，他们从媒体报道中得出的判断是，容错机制是中央政府非常重视和极力支持的，因此各级地方政府也不敢敷衍了事；另一方面，从容错机制实际执行情况来看，确实有部分干部因此得到了保护并受益。因此，就容错机制的执行而言，几年来干部群体的信任经验更新的结果是倾向于相信各级政府能够将这项制度执行好，完善好。

（四）制度环境解释

通过以上分析可以看出，大多数干部通过对容错机制内容和政府相关行为的分析，得出了信任容错机制的判断；而对政府信任经验的更新可以解释干部对制度信任态度的改变，但是对信任过程的解释并未到此结束，为什么干部群体对于中央政府是信任的，而对基层政府却不信任，以及信任经验更新的深层原因是什么。这些问题都值得我们继续往下追寻。此外，制度为何以特定内容在特定时间出现，也可以在制度环境中找到原因。

首先，在制度内容上，以2013年为界，中国的容错免责机制可以说有了一个良好的开始。党的十一届三中全会之后，我国掀起了改革开放的浪潮。在改革开放后，国家十分重视尊重基层、发挥群众首创精神的地区性试验，对某些改革领域"先干不评论，先做不议论，时间做结论"，走出了一条以试错、纠错为重要特征的成功道路（萧功秦，2004；孙代尧，2007；任剑涛，2010）。2006年3月，深圳市出台《深圳经济特区改革创新促进条例》，率先提出了容错条款，在此后的十年间，重庆（2009年1月）、上海（2013年6月）、浙江杭州（2013年12月）、江苏泰州（2014年3月）、浙江温州（2014年3月）等地区相继出台了各类促进改革创新类的文件并提到了容错问题。在新时代全面深化改革进入攻坚期的背景下，我国的社会矛盾越发突出，问题越发复杂，全面依法治国和全面从严治党构建起了压力型干部治理环境。在这样的背景下，部分干部为了保住头顶的乌纱帽，出现了懒政、怠政现象，更有甚者利用制度漏洞以权谋私、为所欲为，严重阻碍了改革任务的进程。在这种情况下，中央开始探索构建容错免责机制，2016年1月，习近平总书记多次强调要允许试错、宽容失败，建立容错纠错机制。他强调干部容错必须做到"三个区分开来"，即必须把干部在推进改革中因缺乏经验、先进先试出现的失误和错误，同明知故犯的违纪违法行为区分开来；把上级尚无明确限制的探索性试验中的失误和错误，同上级明令禁止后仍然我行我素的违法行为区分开来；把推动改革发展的无意过失，同为谋取私利的违法违纪行为区分开来。2018 年 5 月，中共中央办公厅印发了《关于进一步激励广大干部新时代新担当新作为的意见》，从大力引导干部担当作为、干事创业，鲜明树立重实干重实绩的用人导向等方面提出了比较全面系统的容错纠错机制，标志着我国建立干部容错纠错机制进入新时期。这正是以"中央牵头，政府主导"为特征的容错机制出现的主要背景。

其次，在制度执行机构——政府的行为方面，制度环境深刻地影响着对中央政府和基层政府的信任程度。如前所述，改革开放后尤其是进入 21 世纪以来，政府在探索构建容错机制、激发广大干部群体工作热情、建设高水平高素质干部队伍的道路上确实推出了很多政策、规定和条例，这些政策的先后实施均在不同程度上改善了政府的形象，尤其是当干部群体从媒体中了解到这些都是中央政府宣传和支持的政策，因此对中央政府比较信任，然而对基层政府官员的不信任却是政策执行过程中暴露的一系列问题以及另外一些政策实施的交互作用的结果。一些干部由于存在自利性，上级行政命令和自身利益有时会产生矛盾，亦可能因为自身能力或者其他原因而不能执行好政策，发挥其应有的效果，甚至在工作中出现不规范行为。一些基层干部反映，对于容错机制心中没底，因为"容错"的标准有时取决于某个领导的个人意志，一把手话语权很大，而非集体决策；另外，一些容错政策并非出自中央，而是某部门自己制定的，一旦出了问题，纪委不认这些政策，最终还是要在具体做事的干部身上问责。在这些情况下，一些干部自然会认为容错机制就是在"墙上画大饼"。虽然目前已经有很多学者提出了应对容错机制困境的措施、完善容错机制的途径，政策环境也正在朝着有利于干部群体的方向发展，但是经验的更新不是一瞬间就能实现的，干部对政策和政府的新认知的形成需要一个过程。另一方面，基层干部自身转变观念，克服自身缺陷，改变工作作风也需要时间，这样我们看到的仍然是一些干部群体对基层政府的不信任，对容错机制的不信任。

四、总结与展望

干部群体在中国的改革开放事业中有着独特的角色定位，实现国家治理能力和治理体系现代化与干部群体的行为紧密相关。进入新时代的中国面临着新的更为艰巨的发展任务，急需一大批想干事、能干事的干部大胆创新、积极作为。构建容错机制的初心是减轻干部的思想包袱和政治负担，激发干部的工作热情，但遗憾的是，近年来干部对容错机制的信任程度并不乐观，也没有大面积地出现所预期的工作热情高涨的局面。这些都或多或少地反映出，容错机制尚未达到预期效果，其该有的功能发挥得并不完全。有序和谐的社会离不开真正有效的制度，相比于判断容错机制是否成功，探讨致使容错机制失败的因素或者引导其走向成功的途径会更具实践意义。

大多数学者认为，目前容错机制面临着法治精神背离、基本范畴界定模糊、可操作性欠缺以及管理环境挑战等困境，并提出了相应的解决途径。本文试图通过制度信任的视角，分析干部群体对容错机制的信任问题。我们认为，干部对容错机制表现出不信任的态度是出于两个原因，第一个是制度设计不合理，过松或过紧的标准都会损害公共利益，使容错机制的效用无法得到发挥，烦琐的流程使不少干部望而却步；第二个是制度实施有问题，首长意志的干扰非常普遍，到最后不仅不能容错，反而会被追责，使容错机制如同"在墙上画饼"一般，让干部群体产生了"谁傻谁去试，千万别当真"的看法。当制度受众面对一项具体制度时，只有他们对制度可能的成本收益以及执行者可能的执行情况同时做出积极的判断时，他们才会信任这项制度。大多数研究都是从制度本身的缺陷入手，偏重于对容错机制进行解读性研究以及提出一些促进容错机制完善的途径，本文以干部群体为中心对容错机制进行解读，希望能从新的视角为完善容错机制提供思路。从理论上来说，容错机制存在失败的可能，一项制度从理想走向实践，其过程充满了矛盾和未知的变数，完善容错机制的过程同时也是提高国家制度建设能力、拉近政社关系的过程。新时代，新精神，新动力，中华民族伟大复兴的中国梦离不开全国人民与广大干部的合力探索。面对新的风险和挑战，各地政府必须贯彻落实中央精神，结合地方实际，科学激励干部，消除官场不良风气，在完善容错机制之路上不断探索。

参考文献

[1]成为杰，马晓黎.干部容错：制度机理、掣肘因素与优化路径[J].国家行政学院学报，2018，3：97-101.

[2]程远州."定心丸"莫成"挡箭牌"[N].人民日报，2016-04-11.

[3]房莉杰.制度信任的形成过程——以新型农村合作医疗制度为例[J].社会学研究，2019(02)：130-148.

[4]葛蕾蕾.新时代地方政府激励干部担当作为的探索与思考[J].行政管理改革，2019，4：84-88.

[5]罗蓓.容错纠错机制操作过程中应把握好的关键点[J].领导科学，2018，2月(下)：7-9.

[6]梅立润.容错机制为何达不到预期效果：一个整体分析框架[J].甘肃行政学院学报，2019(1)：94-103.

[7]邵阳.健全容错纠错机制应直面的四大现实挑战[J].领导科学，2019，7月(上)：35-37.

[8]殷书建.容错机制典型案例：功能、问题及机制构建[J].理论与改革，2020，4：176-188.

[9]朱红涛.新时代干部容错机制的实践困境与制度构建[J].领导科学，2019，6月(上)：103-106.

[10]赵泉民.论转型社会中政府信任的重建——基于制度信任建立的视角[J].社会科学，2013，1：12-24.

[11]张远照.容错机制构建的制度困境与破解之策[J].领导科学，2017，11月(上)：48-51.

[12]中共中央办公厅印发《关于进一步激励广大干部新时代新担当新作为的意见》[J].社会主义论坛，2018(6).

[13]努力造就一支忠诚干净担当的高素质干部队伍[EB/OL].(2019-01-15).http://www.qstheory.cn/dukan/qs/2019-01/15/c_1123986997.htm.

[14]中共福建省委办公厅印发《关于进一步激励广大干部新时代新担当新作为的实施意见》[EB/OL].（2018－06－12）. http：//www. fujian. gov. cn /xw/ztzl/xxgcddsjdjs/wjcl/201806/t20180612_2877414. htm.

[15]中共江西省委关于进一步激励广大干部新时代新担当新作为的实施意见[EB/OL].（2018－08－14）. http：//www. jiangxi. gov. cn/xzx/tzgg/ 201808/t20180821_1465830. html.

容错纠错机制如何影响领导干部行为

——基于社会学习理论分析

肖莹莹　刘　媛①

摘要：党的十九大将坚持全面深化改革确立为新时代坚持和发展中国特色社会主义的基本方略之一，强调只有改革开放才能发展中国、发展社会主义、发展马克思主义。新时代推进中国特色社会主义伟大事业，应对和战胜前进道路上的各种困难和挑战，关键在于全面深化改革。而建立容错纠错机制能顺应时代所需，有利于调动广大领导干部在改革创新中的积极性和改革热情，促使其全身心地投入全面深化改革的奋斗事业中去，从而在全社会范围内营造大胆创新勇于改革的社会氛围。本文基于班杜拉的社会学习理论，分析了容错纠错机制如何影响领导干部在改革创新中的行为，并就容错纠错机制提出了完善建议。

关键词：容错纠错　改革创新　领导干部　社会学习理论

---

① **作者简介**：肖莹莹，中南大学公共管理学院行政管理专业 2018 级本科生；刘媛，中南大学公共管理学院副教授，硕士生导师

一、引言

2016 年，李克强总理在进行政府工作报告时提到"建立健全容错纠错机制"。当时，我国正处于实现全面建成小康社会的重要时期，如何更好地激励广大干部群众办实事、以更加积极主动的状态投入全面建成小康社会的奋斗中去至关重要。所以，李克强总理说："健全激励机制和容错纠错机制，给改革创新者撑腰鼓劲，让广大干部愿干事、敢干事、能干成事。"2018 年 5 月，中共中央办公厅印发了《关于进一步激励广大干部新时代担当新作为的意见》，提出建立健全容错纠错机制，要宽容干部在改革创新中的失误错误，对干部的失误错误，要结合多方面因素分析考量，对该容的大胆容错，不该容的坚决不容。同时坚持有错必纠、有过必改，对失误错误及时采取措施补救，帮助干部吸取教训、改进提高，让他们放下包袱、轻装上阵。所以，容错纠错机制的建立，能让领导干部毫无后顾之忧地"撸起袖子加油干"。这对于那些想干事、愿干事的干部来说，无疑是一副强心剂，对于在改革探索进程中出现的一些问题失误，组织上会视情况宽容处理，这无疑就营造了一个较为自由宽松的制度环境，更能激发大家的改革创新热情。

二、容错纠错的含义解读

2016 年 1 月，习近平总书记在省部级主要领导干部学习贯彻党的十八届五中全会精神专题研讨班上的讲话中指出，"要把干部在推进改革中因缺乏经验先行先试出现的失误和错误，同明知故犯的违纪违法行为区分开来；把上级尚无明确限制的探索性试验中的失误和错误，同上级明令禁止后依然我行我素的违纪违法行为区分开来；把为推动发展的无意过失同为谋取私利的违纪违法行为区分开来，保护那些作风正派又敢作敢为，锐意进取的干部，最大限度调动广大干部的积极性、主动性、创造性"。"三个区分开来"高度精简地概括了"容错纠错"的内涵。

（一）容错不是给改革发展降低标准要求

中国特色社会主义道路是我们一步一个脚印探索出来的，在社会主义的改革进程中面临着许多的未知和可能，也充满着机遇和挑战。每一个政策的提出实施、每一项制度的建立推行，都是我国经济、政治、社会文化发展的一面镜子，反映着我国现阶段的发展水平。所以，对于领导干部在改革探索中的容错，是有要求有内容地"容"，并不是随随便便的错误失误都要"容"。

（二）容错不是鼓励试错、犯错

我国鼓励各地区建立健全容错纠错机制是支持改革探索、鼓励创新发展、允许试错犯错和宽容失误失败的制度化体现，是给予改革者、创新者制度层面的鼓励和保障。但同时也要认清，容错机制虽然为领导干部提供了容错空间，但此"容错权"不应成为那些胡乱作为、违法乱纪者的保护伞，不能打着改革创新的旗帜脱离实际、不计后果地盲目蛮干。

（三）容错是有限度、有底线的容错

要科学划清"可容"与"不可容"的明确界限，做到该容的大胆容，不该容的坚决不容。无论什么时候针对什么对象都要确保容错在法律红线之内，容错不是给纪律"松绑"，也不是营造法外之地，对于法律法规明令禁止的违法违纪或者是已经构成违法犯罪的"错"，就要坚守"不可容"的底线。没有毫无底线、毫无限度的容错，只有依法依规、实事求是、宽严相济的容错。

（四）纠错以容错为基础，但容错的同时，也应该重视纠错，"容错"和"纠错"必须齐头并进

一味地容错而不进行纠正，那么错误始终是错误，错误始终会存在。

纠错机制应该是一个完整的体系：事前预防体系，即对于苗头性、倾向性失误问题，要及早控制纠正，从源头上避免不良影响的产生；事发补救体系，即针对领导干部在改革探索中已经出现的失误问题，要及时采取措施进行纠正，最大限度地减轻失误错误带来的损失；事后反馈体系，即在采取补救措施之后，还应该有相应的反馈机制和程序，对失误问题产生的原因、过程以及后果进行一个评估和分析，找出出现问题失误的原因，进而修正现有的制度体制或者是运行模式，避免之后再次出现此类问题。

三、分析理论引入——社会学习理论

社会学习理论是由美国心理学家阿尔伯特·班杜拉（Albert Bandura）在对传统行为主义批判继承的基础上于 1997 年提出的，他突破了旧的理论框架，把行为主义、认知心理学和人本主义结合在一起，并引入社会因素来研究人的行为。班杜拉认为社会学习理论是探讨个人的认知、行为与环境因素及其交互作用对人类行为的影响。它着眼于观察学习和自我调节在引发人的行为中的作用，重视环境和人的行为之间的相互作用。社会学习理论还强调人们通过观察他们值得信赖且知识渊博的人（示范者）的行为而进行学习，人们会不断地对那些被奖励过的示范者的行为或技能进行学习。

在班杜拉看来，以往的研究者通常通过物理研究方法，以动物为对象进行实验，以此来总结发现、构建他们的关于人的行为的理论体系。但与动物不同，人是生活在一定的社会环境中的，通过研究动物行为来总结发现人的行为规律似乎不具有科学的说服力，所以班杜拉提出应当在自然的社会环境中而不是实验室里研究人的行为。

社会学习理论是班杜拉通过一系列科学实验建立起来的，主要包括观察学习理论、交互决定论、自我调节理论和自我效能理论。

（一）观察学习理论

观察学习理论是班杜拉社会学习理论的一个基本概念。他认为凡是靠

直接经验获得的任何行为都可以通过观察学习榜样或者示范者的行为来获得。人们行为、习惯的形成，既受先天因素的影响，又受后天经验环境的影响。人们行为的习得主要有两个途径：一个是吸收学习前人发现总结的直接经验，进行自己行为模式的学习；另一个是通过观察示范者的行为来习得自己的行为，这就是我们所说的间接经验的学习。这种观察学习全过程有四个阶段：注意过程、保持过程、运动复现过程和动机过程。

（二）交互决定论

班杜拉认为，在决定人类行为的诸多因素中，大致可以归为两类：决定行为的先行因素和决定行为的结果因素。决定行为的先行因素包括学习的遗传机制、以环境刺激信息为基础的对行为的预期、社会的预兆性线索等；决定行为的结果因素包括替代性强化和自我强化。在对行为产生的因果分析方面，心理学家提出了各种理论：行为主义持"环境决定论"，认为人的行为（B）是由作用于有机体的环境刺激（E）决定的，即 $B=f(E)$；人本主义支持"个人决定论"，倾向于环境取决于个体如何对其发生作用，即 $E=f(B)$。而班杜拉在对环境决定论和个人决定论进行批判的基础上，提出了自己的交互决定论：即在社会学习的过程中，行为、认知和环境三者的交互作用。在班杜拉看来，行为、个体和环境是相互影响相互决定的，不能认为其中一个因素比另外两个因素更加重要，只是或许在某些情况下，其中一个因素起到的作用更大而已。

（三）自我调节理论

班杜拉认为自我调节是个人的内在强化过程。人是具有主观能动性的，个体通过对比分析自己行为的预期效果和行为的现实结果来调节自己的行为。他认为人的行为不仅受外在因素的影响，也受通过自我生成的内在因素的调节，自我调节包括自我观察、自我判断和自我反应三个过程。

(四) 自我效能理论

自我效能是一个人对自己是否能够学会知识和技能的能力判断，也就是个体对自我的把握以及感受。班杜拉在进行了大量的研究后指出，主要有五种因素影响自我效能的形成，包括行为的成败经验、替代性经验、言语劝说、情绪的唤起以及情境条件。

我国实行容错纠错机制，就是为了释放广大领导干部在推进改革创新中的活力和热情。对于领导干部而言，适应容错纠错机制也是一个接收信息再学习强化的过程，所以容错纠错机制对领导干部行为的影响，可以基于社会学习理论进行分析。

四、引入社会学习理论分析容错纠错机制如何影响领导干部行为

(一) 观察学习改革示范者

党的十九大报告明确指出，要坚持严管和厚爱结合、激励和约束并重、完善干部考核评价机制、建立激励机制和容错纠错机制，旗帜鲜明地为那些敢于担当、踏实做事、不谋私利的干部撑腰鼓劲。由此可见，容错纠错机制的建立是对那些积极参与我国改革创新进程的领导干部的鼓励和支持，对于一些还处于观望状态、碌碌无为或者是不愿尝试探索突破的领导干部（本文我们暂称之为"观望者"）而言，奋勇在改革创新前线的那些改革者就是他们的行为示范者。在观察学习的注意过程，改革者多为敢于担当、积极创新的人，这类人比较容易受到关注，而观望者在平时的工作中生活中多多少少会与之接触，自然会观察注意到改革者；在保持过程，党的十八大以来，习近平总书记对容错纠错机制的多次强调，以及各地关于容错纠错机制的规范性文件密集出台，加强了观望者对改革创新者示范行为以及对容错纠错机制的记忆保持，在这之后指导观望者的行为；在运动复现过程，当观望者逐渐向改革者靠近，自己也开始参与进改革发展的进程中，或多

或少也会出现一些问题和失误，但因为"容错"可容，一些失误错误得到宽容处理，也就给了观望者再次尝试探索的机会，加快了观望者向改革者转变的步伐；在动机过程，观望者通过观察改革者的行为模式而获得新知识、新体会，对于改革者的发展创新，正确地产生积极效果的会有相应的奖励；而改革者因为不确定性、不可预见性的未知因素的影响而产生的失误错误，因为容错纠错机制，会得到宽容处理，这就容易对观望者产生替代强化作用，观望者就会增强产生同改革者相似行为的倾向。

观察学习理论下改革观望者行为转变过程如图 1 所示。

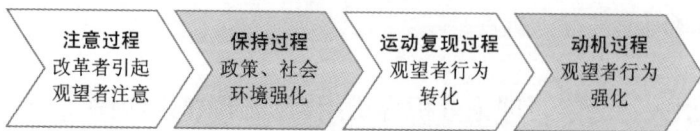

图 1 观察学习理论下改革观望者行为转变过程图

资料来源：作者自制。

所以，容错纠错机制的建立实施，不仅能支持鼓励奋勇在改革创新前线的领导干部，也能启示观望者，给正在改革红线前徘徊犹豫的观望者一个示范引领，引导观望者向改革者看齐，激发其干事创新发展的活力和激情，从而全面激发我国干部队伍锐意改革的内生动力，营造开放创新的良好氛围。

(二)环境影响认知，认知影响行为

党的十九大报告作出了"中国特色社会主义进入新时代"的重大判断，新时代需要新发展、新变化和新突破。而不断推进新时代改革进程就是一个不断试错纠错、创新探索的过程。但在我国行政问责机制和党内问责普遍建立和实施的背景下，特别是党的十八大以来，反腐败斗争开展反响剧烈以及严格推行全面从严治党的环境下，部分领导干部出现了消极的认知：一些领导干部疑虑重、动力弱，干事创业放不开手脚，对新时代的社会主义建设仍然保持一个茫然观望的态度；一些领导干部一直保持着"不求有功，但求无过"的消极心态；还有些人"怕困难怕出错，怕犯错怕担责"；等等。这些思想认知引发了领导干部们工作积极性不高、懒政怠政、为官不为、不作为不担当、效率低下等行为的产生。同时，对于勇于探索的改革者而言，在现实工作中要做好改革创新工作也不容易：一些个性鲜明、坚持原则、敢抓敢管、不怕得罪人的干部受到冷落；一些敢想敢干、敢闯敢试的干部，在探索过程中遭遇挫折、背负压力乃至失去提拔机会。

而容错纠错机制的实行营造了一个积极宽松的制度环境，无论是对于想干事却担心犯错被问责的人，还是对于畏首畏尾不作为的人，容错纠错机制的建立给他们传递出了"允许改革有失误，但不允许不改革"的信号，鼓励领导干部积极作为、敢于担当，影响着领导干部新认知、新思想的形成。国家行政学院教授竹立家在接受媒体采访时表示："建设容错机制的目的，在于保护、提升官员的改革精神。在改革创新过程中，可能会出现失误、瑕疵，有些干部怕犯错、出问题，在改革中比较保守，不敢做不敢为，所以出台容错机制是必要的，可以保护干部的担当精神，鼓励干部大胆创新。"在新认知的引导下，领导干部们在社会主义事业的改革探索中更能形成新的积极的行为，更能放开手积极作为、履职尽责、敢于担当。

交互决定论中领导干部行为的转变如图2所示。

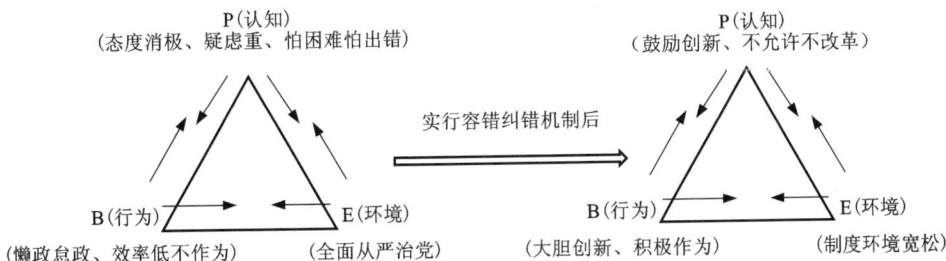

图2 交互决定论中领导干部行为转变图

资料来源：作者自制。

（三）具体参照对比，调节行为

马克思主义唯物论认为，意识是客观事物反映到人脑中形成的主观映像。在实行容错纠错机制的情况下，自我观察阶段领导干部参照机制的认知框架必然来源于现实的容错纠错实行情况。在容错机制方面，哪些问题失误可以"容"，哪些问题失误不能"容"，都有一个清晰的界定。不同地区出台的针对领导干部的容错纠错实施办法都"具体问题具体分析"，在结合本地区改革发展任务的前提下详细规范了容错纠错的内容和边界。例如，北京市将"在服务群众、服务企业、服务基层工作中为提高效能、方便群众出现一定程序瑕疵的"纳入容错范畴当中；广东省因为华侨众多，外贸业务体系庞大，其容错纠错机制就体现出了"两个尊重"的原则。所以无论是中央还是地方，都强调要从问题性质、主观动机、决策过程、补救态度、制度要求等方面规定容错的情形以及不得容错或免责的情形：在容错情形方面，只要在法律允许的范围内，对于主动尝试、积极创新改革但由于主观上的过失导致失误产生的，对于为了促进经济社会发展推进重大项目决策过程中产生失误的，对于致力于优化办事流程提高为群众服务工作的效率和质量而出现失误和偏差的，对于因自然灾害等不可抗力因素影响而产生问题失误的，对于积极主动挽回损失或者及时阻止危害损失发生的行为等，可以不予追究其责任。这对于有改革意愿、勇于创新的领导干部而言是一种支持和保护。

但并不是所有的问题都可"容"，对于违反党纪党规、越过法律红线的行为，对于罔顾组织提醒警告仍然出现失误和问题的，对于引发重特大安全责任事故、引发较大群体性事件而造成恶劣影响的，对于懒政怠政忽视上级组织部门下达的决策部署而错失改革发展良机的问题等都不得以"容错"为由进行减责或免责。对于想要把容错纠错机制当作保护伞而进行违法犯罪、贪污腐败、谋取不正当利益等行为的，要坚决杜绝、严厉打击。

领导干部通过观察注意容错纠错的具体实行情况和要求，从而形成内心的自我判断，当要进行某项行为时，就可以将自己对此项行为可能产生的预期效果与现实的容错纠错规定的处理结果进行对比分析，并以此对比分析结果来预测自己行为可能产生的结果，判断在不在容错纠错的涵盖范围内，进而调节自己的行为。

五、基于社会学习理论分析完善容错纠错机制的建议

以社会学习理论为基础，通过分析容错纠错机制对领导干部行为的具体影响方式，可以从影响路径方面切入，提出完善容错纠错机制的建议，具体如图3所示。

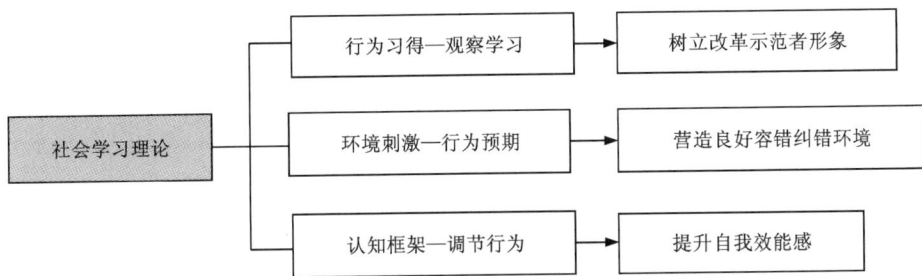

图3　基于社会学习理论完善容错纠错机制的分析图

资料来源：作者自制。

(一) 发挥榜样示范者对观望者的激励作用

对于在探索新时代发展创新之路上取得过突出成就、做出了杰出贡献的领导干部，对于在促进经济社会发展推进重大项目决策过程中表现优异、做出实质性显著成效的领导干部，对于脚踏实地、全心全意服务于人民群众的领导干部，都要给予一定的表彰和鼓励。社会学习理论的观察学习过程让观察者注意到示范者是进行观察学习的起点，所以容错纠错机制也不应当仅仅局限于"容错纠错"，可以通过树立起一批勇于担当、锐意改革的

示范者的典型，让更多还未参与到创新改革发展中的观望者注意到。但也应当注意对不同领域不同工作方向的模范榜样有所区分，如此才好让观望者对其产生相应的兴趣和认同感，并进行接下来的学习模仿。

（二）通过建立补充机制，营造良好环境，传递积极信号

在实行容错纠错机制的同时，还应该建立相应的补充机制，为容错纠错机制的落实营造一个良好的环境。对于没有出现在容错纠错的认定范围内但经组织商议决定后可以进行容错纠错的问题，要及时公示出来、向大家解释说明，并将其补充进容错纠错的实行范围内，避免因为未知因素而影响领导干部的办事积极性；对于在某些特殊情况下依法履职而遭到打击报复的领导干部，要立即采取保护措施并展开调查，一经核实严肃处理，坚定不移地保护认真履职敢于作为、勇于担当的领导干部；组织在对容错纠错有关问题进行核查的过程中，要公正客观，通过广泛收集各方面的意见，充分听取当事人的解释说明来进行处理；组织在落实容错纠错及其补充机制的过程中，必须认识到鼓励改革创新、对改革者的支持保护与全面从严治党的关系，要把营造支持改革、鼓励创新的制度环境同反击腐败、打击贪污、正风肃纪的行动结合起来，在作风纪律上严格管理领导干部，在生活发展方面关心支持领导干部，向广大领导干部传递"既严明纪律、肃清风气，又鼓励创新、宽容失误"的信号，坚决杜绝借容错纠错机制进行贪污腐败，杜绝"容错变纵容、纠错变庇护"，引导领导干部形成正确的、积极的认知，进而参与到全面深化改革的进程中来。

（三）提升领导干部的自我效能感

提升自我效能感，也就是提升领导干部在面临改革创新、面临某项重大任务决策时的胜任感和自信心。当表现优异的榜样模范在受到表彰奖励时，领导干部就可能通过观察获得自我可能性的认识，也会想以同样的行为为自己获得赞美；但是当有人借助容错纠错机制逃避责任而受到惩处时，

其他的领导干部就会获得替代性经验，知道如此做法是会受到追责的，那么对其以后的行为也会产生一定影响。失败的经验会在以后给个体警示，成功的经验则能增强个体的自信心。所以宣传改革创新优秀示范者的一些可供借鉴的成功经验能增强其他领导干部的自信心以及自我效能感，进而提升其行为再现的可能性。通过对领导干部自我效能感的提升，让其接触和感知新时代改革创新的优越环境和国家对此的大力支持，有利于领导干部进一步提升自身的行为标准，提升责任行为的主动性和积极性，实现向"敢于负责、勇于担当、锐意进去"的转变。

六、结语

党的十九大报告明确指出，要坚持严管和厚爱结合、激励和约束并重、完善干部考核评价机制、建立激励机制和容错纠错机制，旗帜鲜明地为那些敢于担当、踏实做事、不谋私利的干部撑腰鼓劲。建立健全容错纠错机制是一项系统工程，当前我国的容错纠错机制还不完善，如何针对具体问题界定容错纠错的适用范围和判定标准、如何使容错纠错机制在引导领导干部行为上发挥更大的作用，仍需进一步的探索和思考。

参考文献

[1]郑海滨.关于健全完善容错纠错机制的思考[J].北京石油管理干部学院学报，2019，026（006）：53-55.

[2]谷志军，邹书帆.行政过程论视角下的激励、容错纠错与问责辨析[J].武汉科技大学学报，2020（4）：400-405.

[3]魏星，丁忠毅.全面深化改革背景下构建干部容错纠错机制探析[J].中共浙江省委党校学报，2017（04）.

[4]张志建.建立健全容错纠错机制为担当作为干部撑腰鼓劲[N].徐州日报，2020-08-12.

[5]任红禧.健全容错机制，促干部"有畏""有为"[J].党的生活，2020（8）.

［6］陈朋.容错机制"局部空转"的多重诱因及其有效治理［J］.人民论坛,2020(24).

［7］谷志军.容错纠错机制为何难以操作?——基于政策文本的实证分析［J］.行政论坛,
　　　2020(1)：72-78.

［8］高宇航.试论新时代下干部容错纠错机制的构建［J］.党史博采,2020(7).

［9］王晓琴.完善担当作为激励机制,增强领导干部执政本领［J］.大庆社会科学,
　　　2020(01)：23-25.

［10］肖俏.新时代党政干部容错纠错机制探析［N］.苏州科技大学学报:社会科学版,
　　　2020(3)：17-22.

［11］郑宇飞.以"容错纠错"为干事者撑腰［N］.北京日报,2020-07-28.

［12］潘铎印.用好"容错纠错"的好制度［N］.人民政协报,2020-08-10.

［13］方世南,张云婷.增强容错纠错机制的实效性研究［J］.党政研究,2020(4)：67-72.

［14］李相芝.正确运用容错纠错机制为改革创新者担当［J］.法治博览,2020(08)：203-205.

［15］云纪宣.准确把握政策界限,确保容错纠错工作科学规范［N］.云南日报,2020-07-27.

［16］马昌永.健全容错纠错机制的逻辑指向及实现之道［J］.攀登,2020,39(2)：20-24.

［17］付雨联,谢来位.容错纠错的指标体系和判断标准研究［J］.科学社会主义,2020(1).

［18］何丽君.干部容错纠错制度文本分析及效能提升［J］.长白学刊,2020(5)：1-7.

［19］冯振兴.关于建立容错纠错机制的探讨［J］.中国铁路,2020(3)：83-87.

［20］陈朋发.试论改革创新中容错纠错机制的构建［J］.行政与法,2017(3).

丛书后记

    当前，我国改革已进入攻坚期和深水区，广大干部是改革先锋和制度创新先驱，"惟改革者进，惟创新者强，惟改革创新者胜"已成为落实全国两会精神、实现决战决胜目标的关键共识。在改革风险与改革红利并存的前提下，习近平总书记在省部级主要领导干部学习贯彻党的十八届五中全会精神专题研讨班的公开讲话中，就"为官不为"这一问题提出了"三个区分开来"，以最大限度调动广大干部的积极性、主动性和创造性，推动全社会形成想改革、敢改革、善改革的良好风尚。在"三个区分开来"的基础上，为破除"为官不为"的沉疴痼疾，提振干部干事创业的积极心态，党的十九大报告进而提出建立激励机制和容错纠错机制，科学、合理地宽容干部在改革创新中的失误和错误，强调切实为敢于涉险、敢于担当的干部撑腰鼓劲。

    容错纠错机制是中国特色干部管理体制的一项创新性制度安排，对于中国共产党宽严相济干部管理理念的传承与发展，对于实现国家治理体系和治理能力的增量改革、推动地方政府为创新而竞争、打破高压问责情境下党员干部动力缺力缺失的困境，具有重要意义。加强容错纠错机制建设、不断提升容错机制运作的适应性和可行性、营造容错文化并培育创新风气、实现容错与问责机制精准衔接，是促进容错机制从"新制"向"善制"转变的关键，也是党和国家探索具有中国特色宽严相济的新型干部管理体制的必由之路。

湖南湘江新区作为国家级新区，承载着服务国家战略、协调区域发展和政策先行先试的重要功能。贯彻落实"容错纠错机制"不仅是领会党的十九届四中、五中全会精神的重要举措，更是国家级新区先行先试使命的内在要求和高质量发展的现实需要。在示范引领排头兵的角色定位下，湖南湘江新区根据中央和国家政策，积极探索容错纠错工作规律，做了大量卓有成效的工作。

为进一步落实"旗帜鲜明为敢于担当的干部担当，为敢于负责的干部负责"要求，加快国家级新区容错纠错机制研究和制度建设，助推湖南湘江新区打造一支锐意进取、勇于创新、敢于担当的干部队伍，加快新区高质量发展，推进国家级新区治理体系和治理能力现代化，2020年5月，湖南湘江新区初步确定，由新区纪工委联合中南大学地方治理研究院，协同开展容错纠错机制建设的研究。2020年6月，湖南湘江新区设立专项，委托中南大学地方治理研究院对容错纠错机制开展专题研究，并得到了国家发展改革委的立项支持。2020年7—9月，课题组先后调研15个国家级新区，召开了20多场专题调研会，掌握了一手材料。2020年9—12月，课题组先后6次专题讨论成果，并邀请国内知名专家周志忍、徐晓林、丁煌、李军鹏、贠杰、倪星、吴戈、韩志明、朱旭峰、李瑞昌、田凯等教授对成果进行评议和研讨。最终形成了湖南湘江新区容错纠错机制建设项目研究成果丛书：《国家级新区容错纠错机制发展报告》、《国家级新区容错纠错案例分析报告》、《湖南湘江新区容错纠错机制建设：理论探索与实践创新》和《国家级新区容错纠错机制建设研究论文集》。

本丛书是国内首套全面系统探讨国家级新区容错纠错机制建设的书籍，对落实习近平总书记"三个区分开来"，全面推进国家级新区容错纠错机制建设，为新区建立担当实干、开拓创新激励机制，进一步激励广大党员、公职人员新时代新担当新作为具有重要的理论指导和现实指引作用。

本丛书的出版得益于湘江新区纪工委文山虎书记、孟谏君副书记等同志的大力支持，更要感谢课题组成员赵书松教授、张桂蓉教授、胡春艳教授、刘媛副教授、伍如昕副教授、孙立明博士和参与项目研究工作的博士生郭少军、张建、周付军、张磊、王帅、雷雨，硕士生王子婧、赵旭宏、罗文华、梅园园、王韵茹、张旭、罗丹、蒙诗哲、曹子璇、赵维、石红艳、夏霆、杨曦、胡新玲、张栩侨、顾妮、张莲明、叶露莹、王彩莲、王晟、李昊徐、戴嘉、朱雅筠、王晗，我的科研助理杨碧峰的辛勤付出。还要感谢为丛书出版付出汗水和努力的中南大学出版社杨贝编辑。

感谢中共中央党校(国家行政学院)李军鹏教授和中国社会科学院负杰教授百忙之中为本丛书作序。

2020年，我们见证了历史也参与了历史、创造了历史，以此为记，愿国家繁荣昌盛，人民幸福安康。

彭忠益

2020年12月20日，于麓山脚下

图书在版编目（CIP）数据

国家级新区容错纠错机制建设研究论文集／刘媛，
邓辉，张飘编. —长沙：中南大学出版社，2021.6
（国家级新区容错纠错机制研究丛书）
ISBN 978-7-5487-1591-7

Ⅰ. ①国… Ⅱ. ①刘… ②邓… ③张… Ⅲ. ①行政管
理—中国—文集 Ⅳ. ①D630.1-53

中国版本图书馆 CIP 数据核字（2021）第 093885 号

国家级新区容错纠错机制建设研究论文集
GUOJIAJI XINQU RONGCUO JIUCUO JIZHI JIANSHE YANJIU LUNWENJI

刘媛　邓辉　张飘　编

□责任编辑	杨　贝	
□责任印制	易红卫	
□出版发行	中南大学出版社	
	社址：长沙市麓山南路	邮编：410083
	发行科电话：0731-88876770	传真：0731-88710482
□印　　装	长沙印通印刷有限公司	

□开　　本	710 mm×1000 mm　1/16 　□印张 13 　□字数 185 千字	
□版　　次	2021 年 6 月第 1 版 　□2021 年 6 月第 1 次印刷	
□书　　号	ISBN 978-7-5487-1591-7	
□定　　价	52.00 元	